Renate Jost

Freundin in der Fremde

Rut und Noomi

 Quell

ISBN 3-7918-1424-9

© Quell Verlag, Stuttgart 1992
Printed in Germany. Alle Rechte vorbehalten
1. Auflage 1992
Umschlaggestaltung: Klaus Dempel
Umschlagmotiv: Jorge Oramas (Centro Atlantico de Arte Moderno,
Las Palmas de Gran Canaria)
Satz: Fotosatz Weyhing GmbH, Stuttgart
Druck: Maisch & Queck, Gerlingen

Inhalt

Vorwort

»Wo du hin gehst, da will auch ich hin gehen; wo du bleibst, da bleibe ich auch. Dein Volk ist mein Volk, und dein Gott ist mein Gott.
Wo du stirbst, da sterbe ich auch... nur der Tod wird mich und dich scheiden.«[1]

Viele haben diese Sätze als Trauspruch gewählt: Ein beidseitiges Versprechen von Mann und Frau, ihr ganzes Leben miteinander verbunden zu sein.

Wenige wissen, daß diese Sätze im Buch Rut von einer jungen Frau, Rut, zu einer älteren, Noomi, gesagt werden. Auch hier meinen sie nichts anderes als ein Versprechen lebenslanger Freundschaft. Eine Freundschaft, die sich auch in der Fremde bewährt.

Daß diese Geschichte in der Bibel steht und wie sie erzählt wird, hat mich schon lange fasziniert. Einiges von dem, was mich bei der Beschäftigung mit dem Buch Rut bewegt hat, möchte ich hier weitergeben.

Dabei habe ich Anregungen durch die erhalten, die sich schon vor mir mit dem Buch Rut beschäftigt haben. Auf die umfassende Literatur zum Buch Rut einzugehen, würde zu weit führen. Einige Hinweise für die, die etwas nachschlagen wollen oder Interesse haben weiterzulesen, sollen genügen.

Dieses Buch ist im Gespräch mit anderen, vor allem Frauen, entstanden. Manche Ideen verdanke ich Diskussionen mit Studierenden während der Seminare, die ich über das Buch Rut in Frankfurt und Marburg gehalten habe. Ruth Büttner, Nicole Kramer und Ilona Nord arbeiteten mit viel Engagement an der Übersetzung mit. Ina Petermann und Ursula Kubera gaben manche Anregungen, Dore Struckmeier-Schubert hat das Manuskript sorgfältig durchgesehen.

Dafür und für die heiteren und nachdenklichen Gespräche während dieser Arbeit möchte ich allen ganz herzlich danken.

Frankfurt, im Frühjahr 1992

Das Buch Rut
Eine erzählende Auslegung

Es geschah in den Tagen Esras und Nehemias

Es geschah in den Tagen Esras und Nehemias.
Der König von Babylon, Nebukadnezar, hatte die Stadt Jerusalem zerstört und viele Menschen umgebracht. Ein Teil des Volkes, das dem Gemetzel entkam, wurde in Gefangenschaft nach Babylon geführt und blieb dort. Dann, nach fast 50 Jahren, besiegte Kyros, der König der Perser, den König der Babylonier und gab dem Volk die Erlaubnis, nach Jerusalem heimzukehren.

Eine kleine Gruppe kehrte zurück, bereit, wieder als Gemeinde Gottes zusammenzukommen und neu anzufangen. Allerdings hatten sie zunächst wenig Erfolg. Anstatt sich zu verbessern, verschlechterte sich die Situation für weite Teile der Bevölkerung immer mehr, denn die wenigen Mächtigen und Besitzenden – meist Beamte der persischen Verwaltung – nutzten die Notlage, um sich an den Armen zu bereichern.

Bald mußten einige ihre Häuser verpfänden, um nicht zu verhungern. Andere beliehen ihre Äcker und Weinberge, um dem persischen König die Steuern zahlen zu können. Wieder andere verkauften zuerst ihre Töchter, dann auch ihre Söhne in die Sklaverei, um selbst überleben zu können (Neh 5,1–5). Die Verpflichtungen für Sippenmitglieder, die in Not geratenen Frauen und Männer des größeren Familienverbands vor Verelendung zu schützen, wurden kaum noch wahrgenommen.

In dieser schwierigen Situation stand für die Zurückgekommenen auch ihre religiöse Identität neu auf dem Spiel. Viele fragten sich: Wer ist unser Gott unter den Göttinnen und Göttern? Wie sollen wir Gott verehren?

Verschiedene Bewegungen entstanden, um die Krise zu bewältigen. Es gab Männer, die den Wiederaufbau des Altares und des Tempels für den richtigen Weg (Esr 5,1–2) hielten. Einige verlangten, den Armen das geraubte Land zurückzugeben, ihnen ihre Schulden zu erlassen (Neh 5,7–13) und die Sippen neu zusammenzuführen (Neh 7,4–7).[2] Andere schlugen vor, die ausländischen Frauen und damit die von ihnen mitgebrachten Gebräuche und Gottesvorstellungen einschließlich der von ihnen geborenen Kinder zu vertreiben (Esr 10,3.11) und das Gesetz besser zu beachten (Neh 8,1–8).

In dieser verwirrenden Situation ist das Buch Rut entstanden. Es gibt gute Gründe,[3] die Entstehung des Buches Rut gerade in dieser Zeit anzunehmen:

In »Rut« geht es nicht um das Königtum und den damit verbundenen Beamtenapparat, sondern um die Familie und die Lebensmöglichkeiten innerhalb des Familienverbandes. Es wird vorausgesetzt, daß die staatlichen Strukturen durch den Krieg, die Verwüstung des Landes und die Verschleppung der Oberschicht nach Babylonien zerbrochen sind. Nur in der Familie wird den einzelnen noch Schutz gewährleistet, doch nur dann, wenn die Verantwortlichen ihre Verpflichtung gegenüber den Schwachen wahrnehmen.

Mit der Familie kommen verstärkt Frauen in den Blick. In »Rut« stehen zwei Frauen im Mittelpunkt, und wie bei »Esther« und »Judith« trägt das Buch sogar den Namen einer Frau. Das wäre vor dem Exil kaum vorstellbar gewesen.

8

Auch der gewählte Hauptschauplatz, Bethlehem, macht es wahrscheinlich, daß das Buch in nachexilischer Zeit entstanden ist. Das Kind Ruts wird als Retter bezeichnet, die Stadt Bethlehem, in der es zur Welt kommt, ist der Geburtsort Davids und der Ort, an dem der kommende Messias erwartet wird (Mi 5,2).

Und schließlich ist das Buch in der hebräischen Bibel unter den sogenannten Schriften (Ketubim) zu finden, der nach den fünf Büchern Mose und den Geschichtsbüchern zuletzt entstandenen Schriftensammlung. Wäre es älter, müßte es unter den Geschichtsbüchern stehen.

Wie das Buch entstanden ist und wer die Geschichte erzählte, darüber können nur Vermutungen angestellt werden.

Der kunstvolle Stil weist darauf hin, daß es sich nicht um eine volkstümliche Erzählung handeln kann, sondern daß die Erzählung im Kreis von professionellen Geschichtenerzählerinnen und -erzählern entstanden sein muß. Solche Geschichtenerzähler sind vor allem aus der arabischen Welt bekannt.

Da im Buch Rut die Lebenswirklichkeit von Frauen auch aus der Frauenperspektive beschrieben wird, ist es wahrscheinlich, daß die Erzählung in Frauenkreisen entstanden ist. Daß Frauen in Israel, wie im gesamten alten Orient, dichterisches Können nicht abgesprochen wurde, zeigen die Lieder und Gebete, die ihnen zugeschrieben werden: Mirjams und Deborahs Siegeslied (2. Mose 15,21; Ri 5, 1ff), und der Lobgesang der Hanna (1. Sam 2,1ff). Auch das Hohe Lied, eine Sammlung von Liebesliedern, ist als »Lied einer Frau« zu verstehen, die das erste und letzte Wort hat und im ganzen die beherrschende Rolle spielt.[4]

Im 2. Buch Samuel sind es weise Frauen (2. Sam 14,1–20; 2. Sam 20,14–22), die mit ihren Geschichten politisch einflußreiche Männer, wie den König oder einen Heerführer belehren und sie zum richtigen Handeln anleiten.

So spricht vieles dafür, daß die Erzählung von Rut und Noomi im Kreis der weisen Frauen entstanden ist.[5]

Das Buch »Rut« richtet den Blick auf die besondere Not der Witwen, die damals – wie auch heute oft noch – unter außerordentlich schwierigen Bedingungen leben mußten. Es ist gleichzeitig ein Plädoyer für die in Israel lebenden ausländischen Frauen, deren Lage sich in jener Zeit dramatisch verschlechtert hatte.

Von einer Witwe wurde damals – so fern sie noch jung genug war – erwartet, wieder zu heiraten. In einer patriarchalischen Gesellschaft war eine Wiederheirat selbst für wohlhabende Frauen der Oberschicht erstrebenswert, um dem mit der Witwenschaft verbundenen geringen sozialen Status zu entkommen (Jes 4, 1). Blieb eine Frau unverheiratet, konnte sie ins Haus ihrer Eltern zurückkehren, wenn diese noch am Leben waren. Dort führte sie ein zurückgezogenes Leben, ein Schattendasein. Hatte sie erwachsene Söhne, so war dies ein besonderer Glücksfall, da diese verpflichtet waren, für ihren Unterhalt zu sorgen.

War all dies nicht gegeben – und dies betraf wohl die Mehrheit der Frauen, so mußte die Witwe den Unterhalt für sich und ihre noch unversorgten Kinder oft unter großen Mühen selbst verdienen. Andernfalls war sie auf Almosen angewiesen (5. Mose 26, 12 f; Hiob 22, 9). Gelang es einer Witwe durch Wiederheirat oder Selbstversorgung ihre Söhne – von den Töchtern erfahren wir im Zusammenhang mit verwitweten Frauen nichts – groß zu ziehen, wurde sie dadurch geehrt, daß mit dem Namen ihrer Söhne auch ihr Name genannt wurde (1. Kön 7, 14; 11, 26).

Witwe zu sein in einer Gesellschaft, in der die soziale

Stellung einer Frau durch Vater, Ehemann oder Söhne bestimmt wurde, bedeutete nicht nur wirtschaftliches Elend, sondern hieß auch sozial abseits zu stehen, überall geduldet, aber nicht erwünscht, und deshalb namenlos zu sein.

Dies betraf zunehmend auch die ausländischen Frauen. Bis zur Zeit Esras und Nehemias waren Ehen mit nichtisraelitischen Frauen und Männern selbstverständlich gewesen. In allen Epochen seiner Geschichte gab es einen regen Austausch Israels mit seinen Nachbarstaaten, zum Beispiel durch den Handel, und somit auch die Möglichkeit, untereinander Ehen zu schließen.

Auch noch zur Zeit, in der das Buch Rut entstanden ist, haben judäische Männer ausländische Frauen geheiratet. Einige dieser Frauen waren als Folge der Politik der damaligen Großmächte, die Oberschicht eines Landes zu deportieren und sie durch eine aus einem fremden Land zu ersetzen, ins Land gekommen. Es gab auch judäische Männer, die im Exil in Babylon eine einheimische Frau geheiratet hatten und mit ihren Frauen nach Israel zurückgekehrt waren (Esr 10, 7–10). Diese Frauen hatten ihre Familie und ihre vertraute Umgebung zurückgelassen und waren den beschwerlichen Weg in ein fremdes Land gegangen, dessen Sprache und Sitten viele von ihnen nicht verstanden. Ein Land, das mit den Jahren dann doch ihr Zuhause geworden ist. Was sie vielleicht noch mit der alten Heimat verband, war der Glaube an ihre persönliche Göttin oder den Gott, deren Verehrung in der Familie von Generation zu Generation weitergegeben worden war.[6]

Auf einmal wurden sie von manchen religiösen Kreisen beschuldigt, ihre Männer zu anderen Göttern verführt zu haben. Sie mußten befürchten, verstoßen und damit ins soziale Nichts entlassen zu werden. Zwar gab es gegen diese rigorose Politik auch eine Opposition (Esr 10,15), doch war für die betroffenen Frauen die Lage lebensbedrohend.

Wohin sollten sie mit ihren Kindern gehen, wenn ihre Männer sie wegschickten? Wovon sollten sie leben? Wer würde sie schützen?

Die Erzählerin des Buches Rut wird wohl in jenen Kreisen der nachexilischen Gemeinde zu suchen sein, die eine positive Haltung gegenüber ausländischen Frauen einnahmen.

Zwar polemisiert sie nicht gegen diese restriktive Heiratspolitik, aber sie appelliert mit Humor und voll Poesie an die Besitzenden und Einheimischen, solidarisch zu handeln und ihre Verpflichtungen gegenüber verarmten Sippenmitgliedern, vor allem Witwen und ausländischen Frauen, ernst zu nehmen. Sie ermutigt die von der schwierigen sozialen und religiösen Lage besonders betroffenen Frauen, nicht zu resignieren, sondern ihr Schicksal selbst in die Hand zu nehmen und gemeinsam zu handeln.

Um Spannung zu erzeugen, um die aktuellen Bezüge zu verfremden und auf diese Weise um so wirksamer ihr Anliegen vorzubringen, verlegt die Erzählerin die Handlung in die längst vergangene Zeit der Richter, also die Zeit bevor Juda von den Babyloniern zerstört wurde und es noch keinen König gab (ca. 1200–1012 v. Chr.). Sie gilt als eine besonders aufregende Epoche in der Geschichte Israels:

Einerseits lebten damals die großen, von Gott erweckten charismatischen Freiheitskämpferinnen und Freiheitskämpfer, die das durch fremde Herrscher geknechtete Volk von Fremdherrschaft befreiten. Neben vielen Männern gehörten zu ihnen auch zwei Frauen, Debora und

Jael, deren Taten in einem der ältesten Lieder der Bibel besungen werden (Ri 5).

Andererseits war diese Zeit eine Ära chaotischer politischer Zustände: So wird beispielsweise von der brutalen Ermordung der Nebenfrau eines Leviten durch Angehörige des Stammes Benjamin erzählt, die zu einem Krieg zwischen den Stämmen Israel und dem Stamm Benjamin führte (Ri 19–21).

Auch in den Tagen von Esra, Nehemia und Rut waren die Zustände alles andere als geordnet.

In welcher Gestalt würde Gott seinem Volk diesmal Rettung bringen?

Zwischen Hunger und Tod – Frauenleben in einer Männerwelt

Rut 1, 1–5[7]

(1) In den Tagen, als die Richter Recht sprachen, war eine Hungersnot im Land: da brach ein Mann aus Bethlehem in Juda auf, um als Fremder im Fruchtland Moabs zu wohnen – er, seine Frau und seine beiden Söhne.

(2) Der Name des Mannes war Elimelech, der Name seiner Frau Noomi, und die Namen seiner beiden Söhne waren Machlon und Kiljon, efratitische Leute aus Bethlehem in Juda. Sie kamen ins Land Moab und lebten dort.

(3) Als Elimelech, Noomis Mann starb, blieb sie mit ihren beiden Söhnen zurück.

(4) Diese nahmen sich moabitische Frauen, der Name der einen war Orpa und der Name der anderen Rut. Zehn Jahre wohnten sie dort, als

(5) auch die beiden, Machlon und Kiljon, starben. Die Frau blieb zurück ohne ihre Kinder und ohne ihren Mann.

Zur Zeit der Richter wanderte ein Mann mit seiner Familie nach Moab. Schweren Herzens verließ er sein Haus und das kleine Feld, das ihm gehörte, denn in seiner Heimatstadt Bethlehem herrschte eine Hungersnot. Bethlehem war einst, was sein Name versprach: ein Haus des Brotes. Doch eine Trockenzeit hatte genügt, um es in eine Stätte des Hungers zu verwandeln. Die Vorräte der Familie waren schnell aufgebraucht. Bald wußte die Frau nicht mehr, wovon sie am nächsten Tag die Gerstengrütze kochen sollte. Sie hatten ja nie so viel erwirtschaftet, um größere Getreidespeicher zu bauen. Und womit hätten sie diese auch füllen sollen? Das Land, das sie bewirtschafteten, war zu klein, um noch für Notzeiten etwas aufsparen zu können.

Der Auswanderer wollte nicht das kleine Stück Land verkaufen[8], das schon seine Vorväter bearbeitet hatten. Denn gehörte das Land nicht eigentlich Gott, von dem es seine Sippe erhalten und untereinander aufgeteilt hatte? Bis zu dieser Hungersnot hatte es immer ausgereicht, um alle, wenn auch nur notdürftig, zu ernähren. Er wollte auch nicht so lange warten, bis er sein Land oder gar seine Söhne verpfänden mußte, um dann ohne Zukunft zu sterben.

Deshalb entschloß er sich, mit seiner Frau und seinen beiden Söhnen Bethlehem zu verlassen.

Vielleicht wollte seine Frau in Bethlehem bleiben, wo sie geboren war und wo sie als junges Mädchen vor ihrer Heirat auf den großen Festen mit den anderen Frauen zur Ehre Gottes Reigen getanzt hatte (vgl. Ri 21,21). Später hatte sie mit ihnen auf dem Feld gearbeitet und war bei Hochzeiten, vielen Geburten und so mancher Totenklage dabeigewesen. Vielleicht glaubte sie auch, daß sie in ihrer Stadt sicher war. Würde ihr Mann in der Fremde in der Lage sein, sie vor der Zudringlichkeit anderer Männer zu schützen?

Doch gab es einen anderen Weg, wollten sie nicht alles verlieren und verhungern? War denn ihr Mann nicht Herr über sie und über ihre beiden Söhne? So hatte sie es von der Mutter gelernt. So hielten es auch alle anderen Frauen. Und er hatte schließlich die Verpflichtung, für sie zu sorgen. Sie besaß ja nur ihre Mitgift für den Notfall, die in nicht viel mehr als dem Kleid bestand, das sie am Leib trug… Davon konnte sie nicht überleben. Es blieb ihr nichts anderes übrig als mit ihm zu gehen.

Möglicherweise hatten ihnen auch Händler erzählt, im Nachbarland gäbe es Brot und Arbeit, dort könnten sie bleiben bis die Hungersnot vorbei war.

Der Mann ließ das wenige zurück, das ihm gehörte, denn er hoffte, bald wieder zurückzukehren. Er ging in ein anderes Land, um dort um wirtschaftliches Asyl zu bitten. Denn auf die Barmherzigkeit der Menschen aus einem fremden Volk angewiesen zu sein, war immer noch besser, als an Hunger zu sterben.

Doch auswandern – und sei es nur für eine kurze Zeit – war gefährlich. Das wußte auch er. Er kannte die alten Erzählungen von Abraham und Sarah (1. Mose 12, 10–20), Jakob und seinen Söhnen (vor allem 1. Mose 47, 4), die wie er wegen einer Hungersnot ihr Land verlassen mußten, um als sogenannte Schutzbürger in einem fremden Land, in Ägypten, zu überleben.

Mußte nicht beide Male Gott eingreifen, um sie zu retten? Einmal, um Sarah, die Stammutter Israels, vor den sexuellen Absichten des Pharao zu bewahren, und dann wieder, um Jakobs Söhne vor dem Tod in Ägypten zu schützen?

Wie würde es ihm selbst und seiner Familie in der Fremde ergehen? Würden die Menschen ihnen feindlich begegnen? Doch der Hunger war größer als die Angst vor drohenden Gefahren, deshalb verließ dieser Mann mit seiner Frau und seinen beiden Söhnen Bethlehem, um in eine ungewisse Zukunft nach Moab zu gehen.

Moab war in nachexilischer Zeit politisch bedeutungslos. Als die Babylonier noch an der Macht waren, war es fast völlig zerstört worden. In der Richterzeit jedoch, in der unsere Erzählung spielt, bestand Feindschaft zwischen Israel und Moab. Die Moabiter hatten Israel besiegt und diese mußten ihnen achtzehn Jahre lang Tribut zahlen.

Doch Gott hörte die Gebete der Frauen und Männer und erweckte einen Retter: den linkshändigen Ehud. Unter dem Vorwand, den Tribut dem Moabiterkönig Eglon zu überbringen, ermordete er den Tyrannen. Von Eglon wird berichtet, daß er so fett war, daß das Schwert des Attentäters mit samt dem Griff in seinem Leib stecken blieb (Ri 3, 12–30).[9] So wurde das Volk von der Last moabitischer Herrschaft befreit.

Doch galt Moab nicht nur als feindliches Land.

Es bestanden auch verwandtschaftliche Beziehungen zwischen Moab und Israel, wie in der Erzählung von Lots Töchtern deutlich wird. Nach der gelungenen Flucht aus Sodom lebten die beiden mit ihrem Vater Lot, dem Bruder Abrahams, allein in einer Höhle, so daß sie befürchten mußten, ohne Nachkommen, das heißt ohne Zukunft zu sterben. Sie ergriffen die Initiative, machten ihren Vater an zwei aufeinanderfolgenden Nächten betrunken und schliefen mit ihm. Auf den Sohn der älteren Tochter, Moab, wurde später das Volk der Moabiter zurückgeführt (1. Mose 19, 30–38).

Für diesen Mann und seine Familie bedeutete Moab also die einzige Hoffnung überleben zu können. Denn dort gab es genug zu essen. Nicht umsonst wurde Moab auch »Fruchtland« genannt.

Hier zeigt sich, daß alle Namen in dieser Erzählung »sprechende« Namen sind. Ihre Bedeutung läßt sich nicht immer wissenschaftlich ableiten. Eher sind es spielerische Anklänge an hebräische Worte, wie sie besonders in nachexilischer Zeit beliebt waren. So bedeutet zum Beispiel Judith »die Jüdin« oder Susanna »die Lotosblüte«, das heißt eine sich Morgen für Morgen öffnende Blüte inmitten des Sumpfes.[10]

Der Mann, der aus Hunger sein Land verließ, wird Elimelech genannt, das heißt »Mein Gott erweist sich als König«. Zur Zeit der Richter – in der die Erzählung spielt – hatte Israel noch keinen König wie die Nachbarstaaten, und viele Israeliten waren stolz darauf. Zur Zeit Esras und

Nehemias – in der diese Geschichte erzählt wurde – konnte aus diesem Namen jedoch auch eine Kritik am persischen König herausgehört werden: Nicht der persische König, sondern Gott ist unser König!

Seine Frau heißt Noomi. Das läßt verschiedene Deutungen zu: »Meine Wonne« oder »Liebe«; »Liebevoll ist Gott«; »Kind der Gottheit Wonne« oder »Liebliche«. Am Ende wird sie Gottes Liebe tatsächlich erfahren.

Die beiden Söhne werden Machlon und Kiljon genannt. Diese Namen lassen sich am besten mit »Krankheit« und »Schwindsucht« oder, soll der Reim des Hebräischen nachgeahmt werden, mit »Schwächlich« und »Gebrechlich« wiedergeben.[11]

So deuten die Namen der Familienmitglieder Widersprüchliches an: Da sind Elimelech, der Vater der Familie, der ganz unter dem Schutz Gottes lebt und Noomi, der ein gutes Leben verheißen ist. Demgegenüber lassen die Namen der Söhne bevorstehendes Unheil erahnen.

Die Jahre in der Fremde vergingen. Elimelech starb und ließ Noomi zurück. Sicher klagte sie über den Tod ihres Mannes wie es damals üblich war, sie riß sich die Haare aus, zerriß ihre Kleider, legte einen Sack an, streute sich Asche auf den Kopf. Doch war ihre Trauer und Not gemildert, da sie ja noch ihre beiden Söhne hatte. Sie würden für sie sorgen, wenn sie alt geworden war. Ihre Zukunft schien gesichert.

Machlon und Kiljon heirateten moabitische Frauen, Orpa und Rut.

Der Name Orpa erinnert an das Wort für hartnäckig, kann aber auch den Nacken oder das Genick bezeichnen. Orpa ist diejenige der beiden Frauen, die später Noomi ihren Rücken, ihr Genick zuwandte und sie verließ.

Bei Rut klingt ein hebräisches Wort an, das soviel wie

»Freundin« oder »Nächste« bedeutet. So wird ihr Name auch in der syrischen Übersetzung verstanden. Sie ist es, die sich im Unterschied zu Orpa als Noomis Freundin und Lebensgefährtin erweist.

Aus Rut läßt sich auch »satt sein, satt machen« heraushören. Rut wird für Noomi die sorgende, satt machende Lebensgefährtin sein.

Rut und Orpa kamen ins Haus von Machlon und Kiljon. Sie waren willkommene Arbeitskräfte. Dadurch wurde das Leben für Noomi leichter.

Nach zehn Jahren jedoch starben Noomis einzige Kinder, Machlon und Kiljon. Damit hatte Noomi ihre letzte Versorgungsgrundlage verloren. Ja, viel schlimmer: Mit ihren beiden Söhnen war auch die ganze Familie ausgestorben, ihre Geschichte zu Ende (vgl. 2. Sam 14,7).

Noomi war nun Witwe und sie war alt – zu alt, um in ihr Elternhaus zurückzukehren (vgl. 1. Mose 38,11) und zu alt, um noch einmal eine neue Ehe einzugehen.

Ihr Schutz hätte jetzt von anderen Mitgliedern der Sippe übernommen werden müssen. Doch Noomi lebte als Ausländerin in Moab. Witwe und Ausländerin – eine größere soziale Not war für eine Frau in einer Gesellschaft, in der ihr Unterhalt in erster Linie durch den Mann bzw. die Söhne gewährleistet wurde, nicht vorstellbar.

Wohin du gehst, gehe ich ...

Rut 1, 6–18

(6) Da machte sie sich auf, sie mit ihren Schwiegertöchtern, und kehrte zurück aus dem Land Moab, denn dort hatten sie gehört, daß GOTT[12] sich des Gottesvolks angenommen habe und ihm Brot gebe.

(7) Gemeinsam mit ihren beiden Schwiegertöchtern zog sie weg von dem Ort, an dem sie gelebt hatte. Sie machten sich auf den Weg, um in das Land Juda zurückzukehren.

(8) Da sagte Noomi zu ihren beiden Schwiegertöchtern: »Kehrt doch um und geht zurück, jede in das Haus ihrer Mutter. Möge GOTT euch Wohltaten erweisen, wie ihr sie den Toten und mir erwiesen habt.

(9) GOTT lasse euch ein Zuhause finden, jede im Haus ihres Mannes.« Und sie küßte sie. Die beiden aber erhoben ihre Stimmen und weinten.

(10) Sie sprachen zu ihr: »Wir wollen mit dir zu deinem Volk zurückgehen.«

(11) »Kehrt doch um, meine Töchter«, entgegnete Noomi. »Warum wollt ihr mit mir gehen, habe ich etwa noch Söhne in meinem Schoß, die eure Männer werden könnten?

(12) Kehrt doch um, meine Töchter, geht, denn ich bin zu alt für einen Mann. Selbst wenn ich mir sagte, ich hätte Hoffnung, in dieser Nacht noch mit einem Mann zusammen zu sein und noch Söhne zu gebären (13), wollt ihr deshalb warten, bis sie groß sind, wollt ihr deshalb euren Schoß verschließen und keinem Mann gehören?

(13) Nein, meine Töchter. Es ist mir bitter leid um euch, denn gegen mich ist die Hand GOTTes ausgegangen.«

(14) Da erhoben sie ihre Stimmen und weinten wieder; dann küßte Orpa ihre Schwiegermutter zum Abschied, doch Rut hängte sich an sie.

(15) »Sieh doch, deine Schwägerin ist umgekehrt zu ihrem Volk und Gott. Folge deiner Schwägerin«, sprach Noomi.

(16) Darauf sagte Rut: »Dränge mich doch nicht, dich zu verlassen, mich von dir abzuwenden!

Denn wohin du gehst, gehe ich mit

und wo du des Nachts bleibst, da bleib auch ich,

dein Volk ist mein Volk,

dein Gott ist mein Gott,

(17) wo du stirbst, sterbe ich,

dort will ich begraben werden.

GOTT tue mir alles Mögliche an, aber nur der Tod wird dich und mich trennen!«

(18) Als Noomi sah, daß Rut fest darauf beharrte, mit ihr zu gehen, hörte sie auf, sie zu drängen.

Bis zu diesem Zeitpunkt äußerster Not hatte Noomi es den Männern überlassen, Entscheidungen zu treffen und zu handeln. Doch nun war sie gezwungen, selbst zu handeln, wollte sie überleben. Wie Abraham nach Saras Tod aufstand (1. Mose 23,3), so stand Noomi auf und machte sich auf, das Land zu verlassen, in dem sie nur noch der Tod erwartete, um zurückzukehren in das Land, das ihr nun wieder Leben versprach.

Sie zog los im Vertrauen auf das, was sie gehört hatte: Gott hat sich seines Volkes angenommen, um ihm Brot zu geben (Rut 1,6). Gemeinsam mit ihren Schwiegertöchtern machte sie sich auf, um in Richtung Juda zu gehen.

Besaß schließlich nicht ihr Mann noch ein Stück Land dort? Wenn einer der Männer der Sippe es kaufen würde, könnte es ausreichen, um sie zu ernähren. Jetzt, wo ihre beiden Söhne tot waren, gehörte es nicht eigentlich ihr, selbst wenn es dafür kein Gesetz gab? Sie wußte nicht, was sie in Bethlehem erwartete.

Noomi wollte nicht, daß ihre Schwiegertöchter ihr unsicheres Schicksal teilten. Und so forderte sie beide auf, das in diesem Fall Übliche zu tun:

»Kehrt doch um und geht zurück, jede in das Haus eurer Mutter. Möge GOTT euch Wohltaten erweisen, wie ihr sie den Toten und mir erwiesen habt. GOTT lasse euch ein Zuhause finden, jede im Haus eines Mannes« (Rut 1,8).

Überraschend für eine patriarchalische Kultur ist, daß Noomi hier ihre Schwiegertöchter bewegen will, ins »Haus ihrer Mutter« und nicht, wie zu erwarten, in das »Haus ihres Vaters« zurückzukehren (1. Mose 38,11; 3. Mose 22,13).

Manche Interpreten meinen, diese Formulierung sei deshalb gewählt, weil die Väter der Frauen schon tot gewesen wären. Der Vater Ruts wird aber später erwähnt (2,11). Andere stellen fest, daß Mütter eben besser trösten können als Väter. Mit Recht ist diese Deutung als »allzu modern-sentimental«[13] zurückgewiesen worden.

Viel besser kann der Ausdruck »Haus ihrer Mutter« auf dem Hintergrund der damaligen gesellschaftlichen Strukturen verstanden werden. Es war durchaus üblich, daß die Männer polygam lebten, also daß ein Mann mehrere Frauen hatte. So konnten innerhalb einer Familie zwar alle Kinder denselben Vater, aber unterschiedliche Mütter haben. Jede Frau hatte »ihr Haus« – ihren Lebensbereich, den sie mit ihren Kindern teilte. Die genaue Herkunft eines Kindes wurde durch die Mutter bestimmt. In der Erzählung von Lots Töchtern (1. Mose 19, 30–38) stammen die Moabiter eben von der älteren Tochter ab, während die jüngere Tochter Stammmutter der Ammoniter ist. Beide Völker haben Lot zum Stammvater. Bis heute gilt im Judentum: Jüdin oder Jude ist, wer von einer jüdischen Mutter geboren wurde.

Im Haus der Mutter wurden zudem die Heiratsverträge

geschlossen (1. Mose 24,28; Hld 8,2). Wenn Noomi Rut und Orpa ins »Haus der Mutter« schickte und nicht ins »Haus des Vaters«, betonte sie damit auch die radikale Trennung der verwitweten Frau vom männlichen Lebensbereich: Sie hatten daran nur als Ehefrauen Anteil – mit dem Tod ihrer Männer war dieses gesicherte Leben vorüber. Noomi gab ihren Schwiegertöchtern den Rat, ins Haus der Mutter, den Ort, an dem auch Heiratsverträge geschlossen wurden, zurückzukehren. Sie wünschte ihnen nichts mehr als daß sie im Haus der Mutter ein zweites Mal heiraten und so ein neues Zuhause bei einem Mann finden konnten. Damit hatten sie Ruhe vor fremden Männern, soziale Anerkennung und waren wirtschaftlich abgesichert.[14]

Noomi schickte Orpa und Rut fort mit dem Wunsch, daß ihr – Noomis – GOTT ihren Schwiegertöchtern die Wohltaten erwies, die sie ihr und ihren beiden Söhnen erwiesen hatten. So hatten es die weisen Frauen und Männer schon lange gelehrt: Wer Gutes tut, dem soll auch Gutes widerfahren.

Orpa und Rut hatten Noomi und den beiden Toten viel Gutes erwiesen. Das hebräische Wort für Wohltaten hat eine ganz umfassende Bedeutung: Es meint ein Verhalten, das sich auf die Gemeinschaft bezieht, das mehr einsetzt als pflichtgemäß zu erwarten wäre – ähnlich unserem Verständnis von Solidarität. Es bezeichnet ein Handeln, das darauf ausgerichtet ist, Leben zu fördern.[15]

Orpa und Rut hatten sich als Frauen und Schwiegertöchter nicht nur so verhalten, wie es von ihnen erwartet wurde, sondern sie waren von Anfang an mit diesen Fremden solidarisch gewesen. Sie hatten sich nicht gescheut, Männer aus einer armen Asylantenfamilie zu heiraten. Sie blieben auch über den Tod ihrer Männer hinaus bei ihrer Schwiegermutter. Aber ein Zuhause, wie es sich Noomi für Orpa und Rut wünschte, war nur im Haus eines Mannes möglich. Deshalb küßte sie die beiden zum Abschied. Doch Orpa und Rut waren mit ihrer Schwiegermutter so verbunden, daß beide bei ihr bleiben wollten und entgegneten: »Wir wollen mit dir zu deinem Volk zurückgehen« (Rut 1,10).

Keine wollte Noomi allein zurücklassen, beide wollten lieber ihr Land verlassen. Sie waren bereit, ihre Identität, ihr Volk, ihre Zukunft aufzugeben, um bei einer alten Frau, ihrer Schwiegermutter, zu bleiben.

Damit taten sie viel mehr als was von ihnen als junge Frauen gegenüber einer älteren erwartet wurde, denn sie überschritten auch die Grenzen zwischen Menschen unterschiedlicher Herkunft und Religion. Statt in ihrem Land durch eine neue Ehe für die eigene Sicherheit zu sorgen, wollten sie lieber ins Ausland gehen und das Los ihrer Schwiegermutter teilen.

Noomi wußte, was die beiden Frauen erwartete, wenn sie mit ihr gingen. Deshalb blieb sie beharrlich und führte ein letztes Argument an, um Rut und Orpa zur Rückkehr zu bewegen: Sie konnte keine Kinder mehr bekommen.

Die einzige Chance, zusammenzubleiben und eine gesicherte Existenz zu haben, wäre, wenn sie noch einmal Söhne haben könnte. Diese könnten dann die Männer ihrer Schwiegertöchter werden.

Noomi dachte dabei an das »Levirat«, ein altisraelitisches Recht, das auch in den Nachbarländern Israels praktiziert wurde.[16] Mit »Levirat« war folgendes gemeint: Starb ein Mann ohne Söhne, mußte einer seiner beiden Brüder, bzw. ein naher Verwandter die Witwe zur Frau nehmen oder zumindest einen Sohn mit ihr zeugen, der dann als Sohn des Verstorbenen galt.

Dieser Bruder oder nahe Verwandte wurde im Spätlateinischen »levir« genannt. Der Sinn dieser Institution war zweifach: Zum einen sollte ein Sohn gezeugt werden, der dann als Sohn des toten Mannes galt. Dadurch wurde die Familienlinie fortgeführt und der Name des Toten konnte nicht vergessen werden.

Zum anderen ging es um den Schutz und die wirtschaftliche Sicherheit der Witwe. Der Levir übernahm die Verpflichtung, die Witwe so lange zu versorgen, bis der gemeinsame Sohn, der rechtlich als der Sohn des verstorbenen Mannes galt, in der Lage war, seine Mutter selbst zu unterstützen.

Zwar war das Levirat in früheren Zeiten in Israel verpflichtend, doch wurde es schon damals von den Männern der Sippe gern umgangen. Deshalb mußte sich auch Tamar als Kedesche, als geweihte oder heilige Hure, verkleiden, um sich so die Schwangerschaft zu erkämpfen. Öffentlich überführte sie ihren Schwiegervater seiner vernachlässigten Verpflichtung, und er mußte gestehen: Sie ist gerechter als ich! (1. Mose 38). Und in dem Gesetzestext von 5. Mose 25, 5–10 heißt es: »Wenn Brüder beieinander wohnen und einer stirbt ohne Söhne, so soll seine Witwe nicht die Frau eines Mannes aus einer anderen Sippe werden, sondern ihr Schwager soll zu ihr gehen und sie zur Frau nehmen und mit ihr die Schwagerehe schließen.

Und der erste Sohn, den sie gebiert, soll gelten als der Sohn seines verstorbenen Bruders, damit dessen Name nicht ausgetilgt werde aus Israel.

Gefällt es aber dem Mann nicht, seine Schwägerin zu nehmen, so soll sie, seine Schwägerin, hingehen ins Tor vor die Ältesten und sagen: Mein Schwager weigert sich, seinem Bruder seinen Namen zu erhalten in Israel, und will mich nicht ehelichen.

Dann sollen ihn die Ältesten der Stadt zu sich rufen und

mit ihm reden. Wenn er aber darauf besteht und spricht: Es gefällt mir nicht, sie zu nehmen –, so soll seine Schwägerin zu ihm treten vor den Ältesten und ihm den Schuh vom Fuß ziehen und ihm ins Gesicht speien und soll antworten und sprechen: So soll man tun einem jeden Mann, der seines Bruders Haus nicht bauen will! Und sein Name soll in Israel heißen ›des Barfüßers Haus‹.«

Die Männer, die dieses Gesetz machten, dachten in erster Linie an eine Verpflichtung gegenüber einem Toten, die ohne größere Folgen abgelehnt werden konnte. Noomi dagegen dachte an die soziale Sicherheit ihrer lebenden Schwiegertöchter und weniger an das Weiterleben des Namens ihrer zwar leiblichen – aber schon verstorbenen Söhne. Sie verstand dieses Recht aus der Sicht einer Frau. Auch schien Noomi die Erfüllung des Levirats für selbstverständlich zu halten. Daß die Männer ihrer Sippe keineswegs so dachten, mußte sie später erfahren.

Noomi nannte Rut und Orpa »meine Töchter«.[17] So groß war die Nähe zwischen den Frauen. Und doch schickte Noomi ihre Schwiegertöchter zurück, obwohl sie sie liebte wie eine leibliche Mutter ihre Töchter, denn sie war zu alt. Zu alt, um ihren Teil des Levirats zu übernehmen: zu alt, um noch einen Mann zu gewinnen; zu alt, um noch einmal Söhne zu bekommen und sie großzuziehen. Zu alt, denn Noomi war zu diesem Zeitpunkt wahrscheinlich eine Frau Mitte Vierzig. In diesem Alter ohne Mann und Söhne zu sein, bedeutete das Ende.

Mit einem letzten und endgültigen Argument begründete Noomi, warum ihre Schwiegertöchter ihr Schicksal nicht teilen sollten: Gott selbst hatte die Hand gegen sie gewendet. So fassen Menschen ihre äußerste Not in Worte und beschreiben sie als strafendes und vernichtendes Handeln Gottes: »Denn deine Hand lag Tag und Nacht schwer auf mir, daß mein Saft vertrocknete, wie es im Sommer Dürre wird« (Ps 32, 4).

Um Noomi hatte sich die Sphäre des Todes und des Unheils verbreitet. Nach altorientalischer Auffassung wurden solche Menschen besser gemieden, da sonst die Gefahr bestand, selbst angesteckt und in den Strudel des Unheils hinabgerissen zu werden.

Noomi wollte ihren Schwiegertöchtern nicht zumuten, ihren Todesweg zu teilen. Deshalb schickte sie sie weg.

Beide Frauen hörten die tiefe Bitterkeit in Noomis Worten. Sie weinten und schrien laut, sie rissen sich wie bei einer Totenklage die Haare aus – sich von Noomi zu trennen, war wie sie zu Grabe tragen. Rut und Orpa weinten, weil sie sich vor dem Tod fürchteten (2. Kön 13, 14).

Doch diese Worte der Noomi bewirkten bei Orpa die Entscheidung: Es kam zur Trennung. So wie Noomi beide Frauen als Zeichen des Abschieds geküßt hatte, so küßte auch Orpa ihre Schwiegermutter. Sie war nun überzeugt von der Aussichtslosigkeit des gemeinsamen Weges und entschloß sich für den nach den damaligen gesellschaftlichen Konventionen einzig richtigen Weg. Sie ging zurück ins Haus ihrer Mutter, um so wieder einen Mann finden zu können. Ganz anders reagierte Rut. Sie umklammerte Noomi und hängte sich an sie. Sie war entschlossen, sich – koste es, was es wolle – an Noomi zu binden.

So, wie nach der Erzählung über die Erschaffung von Frau und Mann ein Mann sich an seine Frau »hängt«, hängte sich Rut an Noomi: »Darum wird ein Mann Vater und Mutter verlassen und wird sich an seine Frau hängen und sie werden ein Fleisch sein« (1. Mose 2, 24).

Immer noch versuchte Noomi, auch Rut zur Umkehr zu bewegen: Wie Orpa sollte sie dorthin zurückkehren, wohin sie von Geburt an gehörte, sollte sie das tun, was »normal« war und dem allgemeinen Brauch entsprach. Doch Rut hatte sich längst entschieden und war bereit, aus Liebe zu Noomi mit der überlieferten Sitte zu brechen. Nicht wie Orpa, die keine Möglichkeit mehr sah, Noomi zu helfen und die Noomi ihren Rücken zuwandte, »den Nacken zeigte«, erwies sich Rut als Lebensgefährtin und Freundin:

»Bedränge mich nicht, dich zu verlassen,
mich von dir abzuwenden!
Denn wohin du gehst, geh ich mit,
und wo du des Nachts bleibst, da bleibe auch ich,
dein Volk ist mein Volk,
dein Gott ist mein Gott,
wo du stirbst, sterbe ich,
dort will ich begraben werden.
GOTT tue mir alles Mögliche an, aber nur der Tod wird dich und mich trennen« (Rut 1,16f).

Wie ernst es Rut war, Noomi zu folgen, zeigt der Eid, den sie dabei schwor und mit dem sie sich selbst verfluchte für den Fall, daß sie ihn nicht einlöste. Sie gebrauchte dafür eine Formel, wie sie sonst nur aus dem Mund von Propheten oder Königen, vor allem von König David, überliefert ist (1. Sam 3,17; 14,44; 25,22). Sie bekräftigte ihr Wort mit einer rituellen Handlung: Sie erhob ihre Hand, um den Ernst des Schwures zu bestätigen.

Damit gab Rut endgültig die Sicherheit ihres Mutterhauses auf und nahm dafür in Kauf, als Ausländerin in einem fremden Land zu leben. Sie verzichtete auf ihre nationale und kulturelle Identität und wurde zur Wahljüdin. Sie gab auch die Hoffnung auf einen Mann auf und wählte stattdessen die Lebensgemeinschaft mit einer alten Frau. In der biblischen Tradition hat nur Abraham einen ähnlich radikalen Schritt wie Rut gewagt und sein Leben hinter sich gelassen. Doch Abraham nahm seinen Besitz mit – Rut gehörte nichts.

Um ihren Entschluß zu bekräftigen, rief Rut Noomis Gott JHWH, den Gott Israels, an. Vielleicht tat sie dies auch, um Noomi gegenüber einzulösen, was der nie ausgesprochene Name dieses Gottes JHWH verhieß: »Ich bin mit euch.«[18] Nur noch Jonathan, König Davids geliebter Freund (2. Sam 1,26), verwandte den Gottesnamen JHWH in dieser Eidesformel (1. Sam 20,13) in seinem Versprechen, David nicht zu verraten.

In grenzüberschreitender Liebe und Solidarität bekannte sich Rut zu Noomi. Noomi hatte sich selbst als »tote« alte Frau beschrieben. Rut ließ sich durch diese Vorstellung nicht beirren und nahm ihr so den Schrecken.

Nach biblischer Tradition bestand der Tod gerade in der absoluten Beziehungslosigkeit. Tot sein hieß, von den Menschen und von Gott getrennt zu sein. Noomi war nach ihren eigenen Worten in diesem Sinne tot, obwohl sie physisch noch lebte. Orpa ist vor diesem Grauen geflohen, Rut jedoch stellte sich ihm, indem sie sich dem »Tod mitten im Leben«[19] widersetzte. Sie tat dies, indem sie ihre Beziehung zu Noomi nicht abbrach, sondern sich entschloß, mit ihr zusammenzubleiben – selbst um den Preis der Armut.

Ruts Worte veränderten auch die Beziehung der beiden Frauen zueinander. Rut war nicht länger abhängige Schwiegertochter, sondern Partnerin Noomis.[20] So kamen sie nach Bethlehem.

Die Frauen in Bethlehem
Rut 1, 19–22

(19) Beide gingen nach Bethlehem. Als sie dort ankamen, war die ganze Stadt ihretwegen in Aufregung.
Die Frauen fragten: »Ist das Noomi?«
(20) Noomi sagte ihnen: »Nennt mich nicht Noomi (Liebliche), nennt mich Mara (Bittere), denn Schaddaj hat mir viel Bitteres gebracht.
(21) Voll bin ich losgezogen und leer hat mich GOTT zurückkommen lassen. Warum nennt ihr mich denn noch Noomi, da GOTT doch gegen mich ist und Schaddaj mich mißhandelt hat?«
(22) So kehrte Noomi zurück. Und Rut, ihre moabitische Schwiegertochter, kam mit ihr zurück vom Fruchtland Moab. Als die Gerstenernte begann, kamen sie in Bethlehem an.

Die Rückkehr der beiden Frauen setzte die ganze Stadt in Aufregung: Was war geschehen, daß Noomi mit einer ausländischen Frau zurückkehrte? Wo waren ihr Mann und ihre beiden Söhne?
Was in den älteren Lutherbibeln übergangen wird, indem nur von der Stadt gesprochen wird[21], ist im hebräischen Text eindeutig: Es waren die Frauen der Stadt, die es nicht beim bloßen Erstaunen beließen, sondern Noomi ansprachen und laut fragten:
»Ist das Noomi?«
Sie erinnerten sich an das Lachen Noomis beim Tanz, ihr Glück bei der Geburt ihrer Söhne, ihre Trauer, als sie in Erwartung einer besseren Zukunft vor vielen Jahren Bethlehem verlassen hatte. Sollte diese alte Frau Noomi sein?
Nein, sie war es nicht, oder nicht mehr, denn Noomi selbst wollte nicht mehr Noomi – die Liebliche – genannt

werden. Nein, von nun an wollte sie Mara, die Bittere, genannt werden.

Bitter wie das Bitterwasser von Mara (2. Mose 15,23–26), das Krankheit und Tod bringen konnte.

Ja, Schaddaj, wie sie Gott mit seinem alten Namen bezeichnete, hatte sich gegen sie gewendet.

Auffällig ist, daß Noomi an dieser Stelle diese altertümliche Gottesbezeichnung verwendet: Schaddaj. Eine Gottesbezeichnung, wie sie bei den Partriarchen Abraham, Isaak und Jakob und vor allem auch im Buch Hiob vorkommt. Ein Mann, der wie Noomi alles, was seine Existenz ausmachte, verlor und Gott deshalb verklagte.

In den meisten Bibelübersetzungen wird Schaddaj mit »der Allmächtige« wiedergegeben. Doch ist dieses Verständnis erst durch die lateinische Übersetzung des Hieronymus (4.–5. Jh. n. Chr.) entstanden. Hier sollte es nicht hineingelesen werden. Über die Bedeutung des Namens ist viel gerätselt worden. Erklärungen wie »der Gewaltige«, »der Starke«, »der Gott der Flur«, »der Herzenskenner« sind vorgeschlagen worden. Ich möchte auf einen Zusammenhang hinweisen, der schon von namhaften Theologen am Anfang dieses Jahrhunderts herausgearbeitet wurde. Hier wird »Schaddaj« im Zusammenhang mit »Brust« gesehen und als Fruchtbarkeitsgottheit betrachtet.[22] Zu dieser Deutung paßt der Segen, den Jakob seinen Söhnen spendet. Dort heißt es von Schaddaj: »Von deines Vaters Gott wird dir geholfen, und von Schaddaj[23] seist du gesegnet mit Segen oben vom Himmel herab, mit Segen von der Flut, die drunten liegt, mit Segen der Brüste und des Mutterleibes« (1. Mose 49,25).

Auch im Segen, den Isaak seinem Sohn Jakob mit auf die Reise gibt, wird Schaddaj in Zusammenhang mit Nachkommen und Ernährung genannt. In späterer Zeit verschmilzt Schaddaj dann mit GOTT (2. Mose 6,3).

Schaddaj bezeichnet für mich in diesem Zusammenhang die Nachkommen fördernde und Nahrung spendende Kraft Gottes.

Noomi nannte Gott Schaddaj, weil der Verlust ihres Mannes und ihrer Söhne und die sie bedrohende Not für sie nur heißen konnte, daß Gottes nährende, lebensschaffende und -erhaltende Zuwendung ihr nicht mehr galt.

Doch schon zeichnete sich die Wende ab. Noomi kehrte ja nicht allein, sondern mit ihrer Gefährtin Rut zurück. Und die beiden Frauen kamen zur Zeit der Gerstenernte nach Bethlehem, ins »Haus des Brotes«. Das gab Grund zur Hoffnung.

Die Ausländerin und das Recht der Armen
Rut 2

(1) Noomi hatte einen Verwandten, einen vermögenden Mann aus der Sippe ihres Mannes Elimelech. Sein Name war Boas.

(2) Rut, die Moabiterin, sagte zu Noomi: »Ich will auf das Feld gehen und Ähren nachlesen, in dessen Augen ich Wohlgefallen finde.«

Sie sprach zu ihr: »Geh, meine Tochter.«

(3) Sie ging hin und las Ähren hinter den Schnitterinnen und Schnittern im Feld. Es fügte sich so, daß das Feld im Besitz des Boas war, der aus der Sippe Elimelechs stammte.

(4) Da kam Boas von Bethlehem und sprach zu den Schnitterinnen und Schnittern: »GOTT sei mit euch!« Sie antworteten ihm: »GOTT segne dich!«

(5) Boas fragte seinen Landarbeiter, der über die Schnitterinnen und Schnitter gestellt war: »Zu wem gehört diese junge Frau?«

(6) Der Landarbeiter antwortete: »Sie ist eine junge Moabiterin, die mit Noomi aus dem Fruchtland Moabs zurückgekommen ist.

(7) Sie hat gesagt: Laß mich doch Ähren lesen, ich will zwischen den Garben hinter den Schnitterinnen und Schnittern sammeln. Sie kam und war auf den Beinen vom Morgen bis jetzt. Sie hat nur eine kurze Zeit zu arbeiten aufgehört.«

(8) Daraufhin sprach Boas zu Rut: »Meine Tochter, du gehst doch nicht etwa zum Ährenlesen auf ein anderes Feld? Gehe nicht fort von hier, sondern halte dich dort bei meinen jungen Landarbeiterinnen auf.

(9) Richte deine Augen aufs Feld, wo sie schneiden, und gehe hinter ihnen her. Ich habe meinen jungen Landarbeitern befohlen, dich nicht zu bedrängen. Und wenn du Durst hast, so geh zu den Krügen und trinke von dem, was sie schöpfen.«

(10) Da kniete sie nieder und beugte sich zur Erde und sagte zu ihm: »Wie kommt es, daß ich Wohlgefallen finde in deinen Augen und du mich achtest, mich, eine Ausländerin?«

(11) Boas antwortete ihr: »Es ist mir berichtet worden, was du nach dem Tode deines Mannes alles für deine Schwiegermutter getan hast; daß du deinen Vater, deine Mutter, dein Land verlassen hast und zu einem Volk gegangen bist, das du vorher nicht kanntest.

(12) GOTT wird dein Handeln belohnen, und es wird dir von GOTT voller Lohn zuteil. Von Israels Gott, zu dem du kamst, um unter seinen Flügeln Schutz zu suchen!«

(13) Sie sagte: »Auf Wohlgefallen treffe ich schon bei dir, mein Herr, denn du hast mich getröstet und zum Herzen deiner Sklavin geredet, dabei bin ich nicht einmal deinen Sklavinnen gleich«.

(14) Zur Essenszeit sprach Boas zu ihr: »Komm her, iß vom Brot, tauche dein Stück in Sauertunke.« Da setzte sie sich zu den Schnitterinnen und Schnittern, und er reichte ihr geröstete Getreidekörner, sie aß, wurde satt und behielt übrig.

(15) Danach stand sie auf, um Ähren zu lesen. Boas befahl seinen Landarbeiterinnen und Landarbeitern: »Auch zwischen den Garben kann sie auflesen, und ihr sollt sie nicht beleidigen.

(16) Zieht für sie Ähren aus den Garben, laßt sie liegen, sie soll sie auflesen, und ihr sollt sie nicht beschimpfen.«

(17) Bis zum Abend las sie Ähren auf dem Feld. Dann klopfte sie aus, was sie gelesen hatte, es war ein Epha Gerstenkörner.

(18) Sie hob es auf, kam in die Stadt und ihre Schwiegermutter sah, was sie aufgelesen hatte. Dann holte sie hervor, was sie übrig behalten hatte, nachdem sie satt war, und gab es Noomi.

(19) Die Schwiegermutter sagte zu ihr: »Wo hast du heute aufgelesen und wo hast du gearbeitet? Gesegnet sei, der dich geachtet hat.« Sie erzählte ihrer Schwiegermutter, bei wem sie gearbeitet hatte und sagte: »Der Name des Mannes, bei dem ich heute gearbeitet habe, ist Boas.«

(20) Noomi sprach zu ihrer Schwiegertochter: »Gesegnet ist er von GOTT, der seine Wohltaten weder Lebenden noch Toten versagt!« Weiter sagte Noomi zu ihr: »Der Mann ist mit uns verwandt, er ist einer von unseren Lösern.«

(21) Rut, die Moabiterin, fuhr fort: »Er hat auch noch zu mir

gesagt: Halte dich an meine Landarbeiterinnen und Landarbeiter, bis sie mit meiner gesamten Gerstenernte fertiggeworden sind.«

(22) Noomi sprach zu Rut, ihrer Schwiegertochter: »Es ist gut, meine Tochter, daß du mit seinen jungen Landarbeiterinnen hinausgehst, so wird man dich auf einem anderen Feld nicht belästigen.«

(23) So hielt sie sich an die Landarbeiterinnen des Boas beim Ährenlesen, bis die Gerstenernte und auch die Weizenernte beendet war.

Dann blieb sie bei ihrer Schwiegermutter.

In Bethlehem lebte ein Mann, der in der Lage war, den beiden Frauen zu helfen.

Er war ein Verwandter des verstorbenen Elimelech, Noomis Ehemann. Auch wenn wir nichts Genaues über die Art dieser verwandtschaftlichen Beziehung erfahren, so ist doch gleich klar, daß dieser Mann gefordert ist, sich um Witwe und Erbe zu kümmern.

Er war ein vermögender Grundbesitzer, der sowohl die wirtschaftlichen Mittel als auch den nötigen Einfluß in der Stadt hatte, um den Frauen zu helfen.

Sein Name war Boas. Ein Name, bei dem die Hebräisch verstehenden Leserinnen und Leser gleich heraushören, um was für einen Mann es sich hier handelt. »In ihm ist Macht – er ist potent« sagt dieser Name.

Boas lebte in Bethlehem, und es hatte sich bestimmt bis zu ihm herumgesprochen, daß seine Verwandte Noomi mit ihrer ausländischen Schwiegertochter aus Moab zurückgekommen war – doch er tat nichts, um den beiden zu helfen. Warum sollte ihn auch das Schicksal einer entfernten Verwandten bewegen?

Inzwischen ergriff Rut die Initiative. Sie hatte sich verpflichtet, für sich und ihre Schwiegermutter zu sorgen. Deshalb beschloß sie: »Ich will auf das Feld gehen und Ähren nachlesen, bei jemandem, in dessen Augen ich Wohlgefallen finde.«[24]

Und sie ging mit Noomis Zustimmung.

Das Recht der Armen auf Ährennachlese wurde auch hierzulande in Notzeiten praktiziert. Im Alten Israel stand dahinter die Verpflichtung, für die Lebensrechte der Schwachen einzutreten. Die Sorge um die Lebensrechte der Witwen und Waisen teilte Israel mit seinen Nachbarstaaten. Auch dort gehörte das Eintreten für alle, die aus dem sozialen Netz fielen, zur besonderen Aufgabe von Göttinnen und Göttern und – in ihrem Auftrag – von Königinnen und Königen und ihrer Beamtenschaft.

So heißt es im Epilog der bekannten Gesetzessammlung des babylonischen Königs Hammurapi (1793–1750 v. Chr.):

»Damit der Starke den Schwachen nicht schädigt, um der Waise und der Witwe zu ihrem Recht zu verhelfen ... habe ich ... um dem Geschädigten Recht zu schaffen ... meine überaus wertvollen Worte auf (m)eine Stele geschrieben ...«[25]

Und in einem Hymnus wird Nanse, Stadtgöttin von Lagasch, einer sumerischen Stadt nördlich von Ur (2500–2300 v. Chr.), besungen: »Sie kennt die Waise, kennt die Witwe, sie weiß von der Unterdrückung eines Mannes durch den anderen, ist die Mutter der Waisen. Nanse sorgt für die Witwe, findet Recht für den Unterdrückten, die Königin nimmt den Flüchtigen auf ihren Schoß.«[26]

Das Besondere in Israel bestand darin, daß in den Geboten außer den Schwachen auch die Fremden unter Schutz gestellt wurden (3. Mose 19,10; 5. Mose 24,19).

Daß es sich hierbei jedoch um kein einklagbares Recht handelte, zeigt die Sozialkritik der Propheten, die immer wieder die Mißachtung der Gebote zum Schutz der Mittellosen anprangerten.

Die Gebote zum Schutz der Schwachen sind aus der Sicht der männlichen Großgrundbesitzer formuliert. Die Worte Ruts »bei einem, dem ich wohlgefallen könnte« zeigen demgegenüber, wie sich dieses Gebot aus Sicht einer armen Frau, die zudem noch Ausländerin war, darstellte: »Zufällig« – so die bewußt gewählte Formulierung der Erzählerin – geriet Rut auf das Feld des Boas, des Verwandten Elimelechs, von dem eigentlich erwartet wurde, daß er den beiden Frauen aus ihrer Not helfe. Der Ernteaufseher, dem die junge Frau gefiel und der wußte, daß sein Herr hin und wieder Almosen gab, erlaubte Rut, hinter den Schnitterinnen und Schnittern her zu lesen.

Auf ägyptischen Bildern ist häufig eine geschlechtsspezifische Arbeitsteilung zu erkennen. Während die Männer Ähren schneiden, sind die Frauen für das Sammeln zuständig. Doch spricht gegen eine solche Arbeitsteilung hier Vers 14. Sollte Rut als einzige Frau unter den Männern gesessen haben? Zudem zeigen Beobachtungen des arabischen Ackerbaus aus der Zeit vor 1948, daß Frauen auch als Schnitterinnen tätig sein konnten, während das Sammeln der abgeschnittenen Halme allein Aufgabe der Frauen war.[27]

Die Schnitterinnen und Schnitter schnitten die Halme mit der Sichel. Frauen sammelten die abgeschnittenen Halme auf und brachten sie zum Dreschplatz, der Tenne[28] (vgl. Jes 17,5; Ps 129,7f). Manchmal kam auch ein schwankender Wagen (vgl. Am 2,13) vorbei, der die Ernte der entfernter gelegenen Felder zur Tenne brachte.

Bei den jungen Frauen und Männern, die auf dem Feld des

Boas arbeiteten, handelte es sich wahrscheinlich um Lohnarbeiterinnen und Lohnarbeiter, das heißt freie Frauen und Männer, die sich für eine festgesetzte Zeit zu einer bestimmten Arbeit verpflichteten. Sie konnten für einen Tag angeheuert werden, wie die sogenannten Tagelöhner (5. Mose 24,14f. vgl. Mt 20,8) oder auf ein Jahr (3. Mose 25,50.53). Es waren Menschen, die sich bei einer Hungersnot oder durch die hohen Steuern so verschuldet hatten, daß sie ihr Land an Großgrundbesitzer verpfänden oder verkaufen mußten.

Rut kam am frühen Morgen zum Feld des Boas. Noch sangen die Schnitterinnen und Schnitter Erntelieder, um sich anzutreiben. Noch lachten sie und machten ihre Scherze. War es ihnen doch wieder geglückt, für diesen Tag Arbeit zu finden. Leicht ging die Arbeit von der Hand, solange es noch kühl war. Später, als die Sonne höher stand, wurden sie langsamer und stummer. Rut durfte die geschnittenen Ähren, die nach dem Absicheln, Zusammentragen und beim Abtransport zu Boden fielen, auflesen. Das war ihre Ernte, die Ernte der Armen (3. Mose 19,9f).

Erst am späten Morgen kam Boas von Bethlehem hinaus aufs Feld, um zu überprüfen, wie die Arbeit voranging. Er grüßte seine Leute mit dem Erntegruß (vgl. Psalm 129,8): »Gott sei mit euch!« und alle antworten »Gott segne dich!« (Rut 2,4).

Da bemerkte er Rut. Vielleicht fiel sie ihm auf, weil er die andern alle kannte, die er gegen Entlohnung eingestellt hatte, um auf seinen Feldern zu arbeiten. Vielleicht war sie besonders attraktiv. Der Midrasch nennt noch einen anderen Grund: »Alle Frauen bücken sich und lesen (wodurch der Anstand verletzt wird), diese liest sitzend. Alle Frauen heben durch Gürtung ihre Kleider auf, diese läßt sie herab. Alle scherzen mit den Schnittern, diese hält sich zurück.«[29]

Boas erkundigte sich bei seinem Aufseher nach der ihm Unbekannten. Vor allem wollte er wissen, woher diese Frau kam und warum sie hier arbeitete.

Er fragte aber auch als Herr und Grundbesitzer, der davon ausging, daß eine Frau einen Besitzer hat.

Sollte es sich bei dieser ausländischen Frau gar um eine entlaufene Sklavin handeln?

Die Frage des Boas gab dem Aufseher die Möglichkeit, die Geschichte Ruts und Noomis zu erzählen und Ruts besonderen Fleiß hervorzuheben.

Daraufhin wandte sich Boas Rut zu. Zwar gab er sich ihr gegenüber nicht als Verwandter und möglicher »Löser« (= levir) zu erkennen, doch veränderte sich sein Verhalten ihr gegenüber. Wie Noomi nannte er sie »meine Tochter« und stellte sie unter seinen besonderen Schutz: Sie sollte nur auf seinem Feld Ähren lesen und sollte sich dabei an seine Landarbeiterinnen halten.

Von nun an sollte sie hinter ihnen hergehen und keinen Blickkontakt mit Männern aufnehmen. Ausdrücklich befahl er seinen Landarbeitern, Rut nicht zu bedrängen, sie also nicht sexuell zu belästigen.

Auch in einer von Traditionen geprägten Gesellschaft wie der israelitischen war eine junge Frau nicht vor sexuellen Belästigungen bis hin zur Vergewaltigung geschützt. Dies ist allein schon durch die Gesetze erkennbar, die eine Vergewaltigung ahndeten. Sie lassen erkennen, daß die Vergewaltigung als Rechtsbruch gegenüber dem (zukünftigen) Ehemann oder dem Vater, nicht aber gegenüber der betroffenen Frau angesehen wurde (5. Mose 22,25–29). Die Gefahr sexueller Belästigung drohte Rut um so mehr, da sie Ausländerin und offensichtlich ohne Mann und Vater war. Die Gesetze sahen keine Strafe für die Vergewaltigung einer Frau vor, die in dieser Weise aus dem patriarchalen Rahmen fiel.

Boas erlaubte Rut auch, von seinen Wasserkrügen zu trinken. Sie konnte sich damit als voll zugehörig betrachten. Boas Anweisung, Rut nicht zu berühren, würde sie auch davor schützen, von den Wasserkrügen weggedrängt zu werden.

Weil Boas ihr so viel Sonderrechte einräumte, kniete Rut nieder, neigte ihr Gesicht zur Erde und fragte:

»Wie kommt es, daß ich dir gefalle und du mich achtest, mich, eine Ausländerin?« (Rut 2,10).

Dies war eine Geste der Selbstunterwerfung, wie sie im Alten Orient vor Gott, einem Stammesführer oder einem König üblich war. Sie machte den großen Graben sichtbar, der zwischen beiden lag: Hier die arme ausländische Frau – Rut bezeichnet sich nicht als Fremde im Sinne der Schutzbürgerschaft, sondern ausdrücklich als Ausländerin – dort der ältere, reiche, einheimische Grundbesitzer.

Größer konnte der Gegensatz zwischen zwei Menschen nicht sein. Doch war Rut in Boas einem Mann begegnet, dem sie gefiel.

Was gefiel denn Boas so an dieser Fremden? Nach seinen Worten war es Ruts Verhalten gegenüber ihrer Schwiegermutter. Sie war bereit, ihr zuliebe nicht nur Vater und Mutter zu verlassen, wie es ein Mann tat, der seiner Frau folgte (1. Mose 2,24), sondern darüber hinaus noch ihr Land und ihr Volk.

Auch Boas hatte von den Weisheitslehren gelernt, daß alle, die Gutes tun, dies auch von Gott belohnt bekommen. Und so wünschte er ihr:

»GOTT wird dein Handeln belohnen, und es wird dir von GOTT voller Lohn zuteil, von Israels Gott, zu dem du kamst, um unter seinen Flügeln Schutz zu suchen« (Rut 2, 12).

GOTT ist nach diesen Worten wie eine Vogelmutter, unter deren Flügel sich ihre Jungen schützend bergen. In einem Psalm heißt es:

»Wie köstlich ist deine Güte Gott, daß Menschenkinder unter dem Schatten deiner Flügel Zuflucht haben« (Ps 36, 8).

Anschaulich wird diese Vorstellung in den Cheruben, den geflügelten Wesen im Jerusalemer Tempel. Auch wenn diese, wie ein Blick auf die altorientalische Bildkunst verrät, von ihrem Äußeren wenig mit unseren lieblichen Engelbildern gemeinsam haben, so ist die mit Cheruben und Engeln verbundene Vorstellung ähnlich: Sie verkörpern die schützende und rettende Gegenwart Gottes.

Boas wünschte, daß Rut, die Fremde, den Schutz und die Hilfe seines Gottes erfuhr. Daß aber die Verwirklichung dieses Wunsches von ihm selbst abhing und nicht auf das Eingreifen Gottes abgeschoben werden konnte, dieser so naheliegende Gedanke war dem Boas noch nicht gekommen. Auch für Rut lag diese Lösung viel näher:

»Auf Wohlgefallen treffe ich schon bei dir, mein Herr, denn du hast mich getröstet und hast zum Herzen deiner Sklavin geredet, dabei bin ich nicht einmal deinen Sklavinnen gleich« (Rut 2, 13).

Während Boas von den schützenden Flügeln Gottes sprach, erinnerte Rut ihn daran, daß sie schon in seinen Augen Gefallen und Wohlwollen gefunden hatte. Entsprechend bezog sie Aussagen, die sonst über Gott gemacht wurden, ganz auf Boas:

Sie redete ihn mit Adonaj an, dem hebräischen Wort für »Herr«, das Jüdinnen und Juden als Anrede für Gott verwenden.

Sie sprach davon, wie Boas sie tröstete, so wie nach dem Propheten die himmlischen Heerscharen sich zuriefen: »Tröstet, tröstet mein Volk« (Jes 40,1) und dem vom Tod bedrohten Israel im Exil das Leben und die Rückkehr in ihr verloren geglaubtes Land ansagten.

Und sie bezeichnete sich nun als seine Sklavin. Dies ist eine Höflichkeitsformel, die von Frauen gegenüber Höhergestellten verwendet wurde, aber auch in ihrem Verhältnis zu Gott.

Darüber hinaus deckte Rut damit auch die realen Herrschaftsverhältnisse auf, denn wie bei einer Sklavin war ihr Überleben abhängig vom Wohlwollen des Grundbesitzers.

Im Hebräischen werden zwei Worte für Sklavin unterschieden, die die Art der Beziehung zum jeweiligen Herrn angeben; die Sklavin in ihrem Wert als Arbeitskraft und die Sklavin, die einen Status als Nebenfrau hat, dabei aber sexuell ausgebeutet wird. Rut bezeichnete sich hier als Arbeitssklavin.

Boas lud Rut nun zur Mittagsmahlzeit ein. Rut saß also bei den Schnitterinnen und Schnittern. Die Mahlzeit bestand aus Gerstenfladenbrot und Sauertunke, einem Wein ähnlichen Getränk, das vielleicht mit Wasser vermischt wurde. Boas reichte ihr die frisch gerösteten Körner der Ernte – eine besondere Delikatesse – und zeigte damit seine Großzügigkeit. Rut legte etwas zur Seite, um es wie versprochen Noomi mitzubringen.

Doch damit nicht genug. Boas gewährte Rut noch eine weitere Vergünstigung: Sie durfte nun auch zwischen den Garben lesen, was bedeutete, daß sie nicht mehr warten mußte, bis die Leute des Boas die Ährenbündel zusammengetragen und weggebracht hatten. Sie konnte zwischen den Arbeiterinnen und Arbeitern für ihren Bedarf Ährenbüschel sammeln. Ja, die Leute sollten sogar absichtlich Ähren aus ihren Büscheln fallen lassen, damit Rut möglichst viel zusammentragen konnte. Bei solchen Privilegien mußte Boas seine Leute noch einmal auffordern, Rut bei der Arbeit nicht zu behindern.

Am Abend setzte sich Rut am Rand des Feldes nieder und klopfte die Ähren, die sie gesammelt hatte, mit einem Stock aus (vgl. Ri 6,11). Wegen der besonderen Bedingungen, die ihr Boas eingeräumt hatte, war ihre Ernte groß. Sie betrug, je nach Art der Umrechnung, zwischen 10 und 20 kg. Das reichte aus, daß die beiden Frauen davon eine Woche lang Brot backen und Gerstengrütze zubereiten konnten.[30]

Rut kehrte zurück in die Stadt zu ihrer Schwiegermutter. Doch kam sie nicht wie bei ihrer Ankunft aus Moab leer und ohne jeden Besitz, sondern jetzt brachte sie mehr als genug mit, um satt zu werden. Nicht nur, was sie an Gerste gesammelt hatte, sondern auch die Reste ihrer Mahlzeit auf dem Feld präsentierte sie Noomi. Veranlaßt durch diese Fülle, fragte Noomi verwundert nach dem Mann, der es Rut ermöglicht hatte, so viel Gerste zu sammeln. Als Rut ihr seinen Namen nannte, erfaßte Noomi sofort, welche Chance sich ihnen bot:

»Gesegnet ist er von GOTT, der seine Wohltaten weder Lebenden noch Toten versagt. Der Mann ist mit uns verwandt, er ist einer von unseren Lösern« (Rut 2,20).

Mit einem Segenswunsch pries sie Boas, weil er ihr und Rut für diesen Tag und die nächsten Wochen das Überleben ermöglichte. Darüber hinaus ließ sie sein wohlwollendes Verhalten hoffen, ihre gemeinsame Existenz auch über die Erntezeit hinaus zu sichern. Die Erfahrung, wieder satt zu sein und leben zu können, veränderte gleichzeitig auch ihr Verhältnis zu GOTT.

Noomi war, als sie nach Bethlehem zurückkehrte, davon überzeugt gewesen, daß GOTTes Hand sich gegen sie gerichtet hatte. Doch jetzt konnte sie GOTTes Wohltaten preisen. Diese galten den Lebenden – Rut und Noomi – und auch den Toten, den beiden verstorbenen Söhnen und ihrem Mann. Noomis Freude ist verständlich, denn Boas konnte für sie und Rut zum Mittler von Gottes Wohlwollen werden, wenn er seine Gemeinschaftspflicht erfüllte. Er war ihr »Löser«.

Mit »Löser« wurde in Israel und seinen Nachbarvölkern ein Mann aus der Verwandtschaft bezeichnet, dem eine überlebensnotwendige Aufgabe zukam. Mußte ein in Not geratener Verwandter seinen Besitz (3. Mose 25, 25 ff) oder gar sich selbst als Schuldsklave verkaufen (3. Mose 25, 48 ff), so kam dem Löser, der ein naher Verwandter sein konnte, also Bruder, Onkel oder Vetter, die Verpflichtung zu, diesen loszukaufen, das heißt auszulösen.

Zu den Pflichten des Lösers konnte es auch gehören, eine kinderlose Witwe von ihrer Kinderlosigkeit zur »erlösen« (vgl. 1. Mose 38).

Auf diesem Hintergrund hat sich die Vorstellung entwikkelt, daß Gott die Menschen erlöst, das heißt freikauft.

Bisher hatte Boas als großzügiger Großgrundbesitzer gehandelt. Doch obwohl er sehr wahrscheinlich wußte, daß er zum Kreis der Löser Noomis gehörte, hatte er sich Rut gegenüber nicht zu erkennen gegeben. Würde er sich im weiteren Verlauf des Geschehens als Löser erweisen? Oder, aus der Perspektive der beiden Frauen gefragt: Würde es ihnen gelingen, ihn dazu zu bringen, seine Verpflichtung zu übernehmen? Schon hier wird deutlich, daß neben Boas zumindest noch ein anderer Mann für diese Gemeinschaftsverpflichtung in Frage kam, denn Boas war nur »einer von unseren Lösern«.

Rut erzählte auch von der Einladung des Boas, auf seinen Feldern zwischen seinen Leuten Nachlese zu halten. Denn diese Einladung galt für die Zeit der gesamten Ernte, also auch für die im Anschluß an die Gerstenernte beginnende Weizenernte.

Auch Noomi warnte Rut und ermahnte sie, sich bei der Feldarbeit an die Frauen zu halten, damit sie nicht belästigt wurde. Noch drastischer als Boas beschrieb sie Rut die drohende Gefahr. Mit »belästigen« meinte sie, daß Rut nicht nur sexuell belästigt oder von den Wasserkrügen weggedrängt werden konnte, sondern sie war auch in Gefahr, überfallen, vergewaltigt oder gar getötet zu werden.

Rut hielt sich an Noomis Weisung und arbeitete bis zum Ende der Gersten- und der Weizenernte mit den Frauen auf den Feldern von Boas. Danach blieb sie bei ihrer Schwiegermutter.

Wie würde es weitergehen, jetzt, wo die Erntezeit vorüber war?

Nächtliche Verführung
Rut 3

(1) Noomi, ihre Schwiegermutter, sagte zu ihr: »Meine Tochter, soll ich dir nicht ein Zuhause suchen, wo es dir gut geht?

(2) Nun, ist nicht Boas, bei dessen Arbeiterinnen du gewesen bist, unser Verwandter?
Paß auf, er worfelt heute nacht die Gerstenkörner auf der Tenne.

(3) Bade, salbe dich und lege deine Tücher um, dann gehe zur Tenne hinab. Gib dich dem Mann nicht zu erkennen, bis er fertig ist mit Essen und Trinken.

(4) Dann, wenn er sich hinlegt, merke dir den Ort, wo er liegt. Gehe und entblöße seine Beine und lege dich zu ihm. Er wird dir dann schon sagen, was du tun sollst.«

(5) Sie antwortete ihr: »Alles, was du mir sagst, werde ich tun.«

(6) So ging sie zur Tenne hinab und tat alles, was ihre Schwiegermutter befohlen hatte.

(7) Boas aß und trank, und sein Herz war guter Dinge, dann ging er bis ans Ende des Getreidehaufens, und legte sich hin; da kam sie, legte sich unter die Tücher und entblößte seine Beine.

(8) Es war in der Mitte der Nacht, als der Mann zitterte, er drehte sich um und da – eine Frau lag an seinen Beinen.

(9) Er fragte: »Wer bist du?« Sie sagte: »Ich bin Rut, deine Sklavin, breite deinen Mantel über deine Sklavin aus, denn du bist ein Löser.«

(10) Er sprach: »Gesegnet bist du vor GOTT, meine Tochter, denn deine zweite Wohltat ist noch besser als die erste, da du nicht hinter den jungen Männern hergelaufen bist, ob arm oder reich.

(11) Jetzt, meine Tochter, fürchte dich nicht; alles, was du mir sagst, will ich tun, denn alle im Tor meines Volkes wissen, daß du eine starke Frau bist.

(12) Tatsächlich bin ich Löser, aber es ist sogar ein Löser da, der noch näher verwandt ist als ich.

(13) Bleibe diese Nacht hier! Am Morgen soll es sich entscheiden: Wenn er dich lösen will, gut, so soll er lösen; wenn er aber keinen Gefallen daran hat, dich zu lösen, dann löse ich dich. So wahr GOTT lebt! Bleib hier liegen bis zum Morgen.«

(14) So lag sie an seinen Beinen bis zum Morgen. Dann stand sie auf, bevor ein Mann den anderen erkennen konnte, und er[31] sprach bei sich: »Es soll nicht bekannt werden, daß die Frau zur Tenne gekommen ist.«

(15) Da sagte er: »Gib die Tücher, und halte sie auf.« Als sie sie aufhielt, da maß er sechs (Maß) Gerste ab, die er hineinfüllte. Dann ging er in die Stadt;[32]

(16) und sie ging zu ihrer Schwiegermutter. Noomi sprach: »Wer bist du nun, meine Tochter?« Da trug Rut ihr alles vor, was der Mann ihr getan hatte:

(17) »Diese sechs (Maß) Gerste hat er mir gegeben. Ja, er hat gesagt: Du sollst nicht leer zu deiner Schwiegermutter kommen.«

(18) Sie sprach: »Bleib, meine Tochter, bis du erkennst, wie die Sache ausgeht.
Denn der Mann wird nicht ruhen, bis die Sache heute vollendet ist.«

Rut hatte ihr Versprechen gegenüber Noomi eingehalten. Sie hatte die Ernte mit ihr geteilt und beide waren für eine Zeit dem Hunger entkommen. Aber hatte nicht auch Noomi ihrer Schwiegertochter ein Zuhause, einen Ruheplatz gewünscht, damit es auch ihr gut ging und sie ein sorgenfreies Leben führen konnte?

Noomi blieb nicht untätig. Sie hatte erkannt, daß auch sie etwas tun konnte, wollte sie, daß sich ihr Wunsch für Rut erfüllte. Sie erklärte Rut ihren Plan:

»Meine Tochter, soll ich dir nicht ein Zuhause suchen, wo es dir gut geht? Nun, ist nicht Boas unser Verwandter, bei dessen Landarbeiterinnen du gewesen bist? Paß auf, er worfelt heute Nacht die Gerstenkörner auf der Tenne.

Bade, salbe dich und lege deine Tücher um, dann gehe zur Tenne hinab. Gib dich dem Mann nicht zu erkennen, bis er fertig ist mit Essen und Trinken. Dann, wenn er sich hinlegt, merke dir den Ort, wo er liegt. Geh hin und entblöße seine Beine und lege dich hin. Dann wird er dir schon sagen, was du tun sollst« (Rut 3,1–4).

Noomi mutete mit ihrem Plan Rut einiges zu, denn das Unternehmen war für sie riskant:

Rut konnte unterwegs als Korndiebin aufgegriffen werden, Boas konnte sie als Prostituierte mißbrauchen und dann wegschicken, oder sie konnte von anderen erkannt und als Ehebrecherin angeklagt werden. Bestenfalls konnte Boas sie wegen ihres Größenwahns, als arme Ausländerin ihn heiraten zu wollen, auslachen und wegschicken.

Doch Rut war bereit, dieses Risiko einzugehen. Sie hatte volles Vertrauen zu Noomi.

Warum schlief Boas auf der Tenne, und warum bereitete Rut sich auf ihren nächtlichen Besuch so ausführlich vor? Feierte Boas hier nach dem Abschluß der Ernte ein kultisches Opferfest? Ein Fest, bei dem gegessen und Wein getrunken wurde und das mit sexuellen Ausschweifungen verbunden sein konnte, denen vielleicht sogar noch religiöse Bedeutung zugemessen wurde? Ein Fest in der Art, wie es schon der Prophet Hosea verurteilt hatte (Hos 4,11ff; 9,1)?

Sollte Rut sich deshalb waschen und salben wie die Priester, die sich auf ihren kultischen Dienst vorbereiteten (2. Mose 30,17ff)?

Ging sie mit ähnlichen Absichten wie Tamar auf dieses Fest, von der erzählt wird, daß sie sich als Kedesche, als geweihte Hure, verkleidet an den Wegrand setzte, um von ihrem Schwiegervater ein Kind zu bekommen (1. Mose

48

38, 15)? Rut war wohl als Ausländerin mit derartigen Riten vertraut, die in Israel jedoch bei einflußreichen religiösen Gruppen verpönt waren.

Selbst wenn Anspielungen auf kultische Gegebenheiten nicht auszuschließen sind, halte ich es für wahrscheinlicher – geht es doch auch sonst in dieser Erzählung um die konkreten Lebensbedingungen der Menschen –, daß Boas die kostbare Ernte während der Nacht nicht unbewacht lassen wollte. Daß der Grundbesitzer selbst auf der Tenne schlief und wachte, mochte vor allem im Blick auf die Armut der Bevölkerung berechtigte Gründe haben.

Und Ruts Schönheitsvorbereitungen lassen sich entweder als Vorbereitungen einer Braut erklären – schließlich wollte Rut Boas zur Ehe bewegen – oder einfach als die Kosmetik einer Frau, die sich anschickte, einen Mann zu verführen.

Alles traf zunächst ein, wie erwartet.

Die Tenne lag etwas außerhalb der Stadt, in der Nähe der Felder, ein flaches Gelände mit festgestampftem Boden, das gut vom Wind durchweht werden konnte.

Auf ihr wurde das Getreide nach der Ernte bis zum Beginn des Dreschens gelagert. Dazu wurde zunächst das am Rande der Tenne gelegene Getreide auf die Dreschbahn geworfen, wo es von den Dreschtieren zerstückelt wurde. Auf diese Weise wurden die Körner aus den Ähren herausgelöst und die Halme zu Häcksel verkleinert. Wenn die Ähren ausreichend ausgedroschen und die Halme zerkleinert waren, konnte der zweite Arbeitsgang beginnen: das Worfeln. Da der benötigte Wind erst gegen Nachmittag aufkam und gegen Abend immer stärker wurde, warteten Boas und seine Leute so lange und arbeiteten dann bis zum Abend.

Das Getreide wurde mit Gabeln[33] in die Luft geworfen.

Der Wind trennte die Grobhäcksel – die knotigen Teile des Halms und die kleinen Stengelteile – und die Feinhäcksel – die weichen Teile des Halms und die zerstückelten Halmblätter – von den Körnern. Das Getreide und die zerkleinerten Halme wurden so lange in den Wind geworfen, bis das gesamte Getreide getrennt in Körner, Fein- und Grobhäcksel auf der Tenne lag. Das Feinhäcksel wurde als Viehfutter verwendet. Beim Bau der ägyptischen Pyramiden durch israelitische Sklaven wird es als Beimischung zum Lehm erwähnt, der für die Herstellung von Ziegeln verwendet wurde (2. Mose 5,7). Das Grobhäcksel wurde mit Mist vermischt, zu Fladen geformt und getrocknet und diente als Brennmaterial. Mit Wasser, Lehm und Erde vermengt wurde es zu einer Art Mörtel. Diesen benötigte man für die Wände der Lehmhäuser als Grobputz und für das Abdichten der Flachdächer.

Wichtigstes Ergebnis des Worfelns waren natürlich die Körnerhaufen. Sie wurden gesiebt und so von Erdklümpchen, Steinchen und Schmutz gereinigt. Erst dann konnte das gedroschene Korn in großen tönernen Krügen im Haus und in Vorratsgruben aufbewahrt werden.

Während Boas auf der Tenne worfelte, bereitete Rut sich für die nächtliche Begegnung vor. Da sie arm war, fiel ihre Toilette viel bescheidener aus als etwa die der jungen Ester. Diese wurde, bevor sie dem König zur Auswahl vorgeführt wurde, ein Jahr lang mit Myrrhen- und Balsamöl kosmetisch behandelt (Est 2,12). Vielleicht konnte auch Rut sich Myrrhenöl besorgen[34], ein duftendes Öl, das auch die Schöne des Hohenliedes und die Verführerin, vor der im Buch der Sprüche (Spr 7,17) gewarnt wird, verwendeten. Die Absicht dieser Frauen ist deutlich: Der Mann – sei es der eigene, der zukünftige oder gar ein fremder – sollte durch den Wohlgeruch verführt werden.

Am Abend ging Rut zur Tenne. Boas hatte gegessen und getrunken, so daß – wie ausdrücklich von ihm gesagt wird – es ihm »in seinem Herzen gut ging«, er also guter Dinge war.

Soll hier darauf angespielt werden, daß Boas zu viel Wein getrunken hatte und er deshalb nicht mehr in der Lage war, klare Entscheidungen zu treffen? So wie einst Nabal, der so betrunken war, daß seine Frau Abigail nicht mit ihm über ihre lebensbedrohliche Lage sprechen konnte (1. Sam 25,36)? Oder wie Lot, der in seinem Rausch nicht bemerkte, daß seine Töchter mit ihm schliefen, um sich von ihrem Vater Kinder zu verschaffen (1. Mose 19, 30–38)?

Daß es Boas »im Herzen gut ging«, betont aber auch den Kontrast, der zwischen seinem Leben und dem der beiden Frauen bestand: Dort die Bitterkeit des Lebens von Rut und Noomi – zwei Frauen, die aus der Fremde geflohen und auf Almosen angewiesen waren, hier das gute Leben des Boas – einem reichen Landbesitzer, dem es an nichts mangelte.

Nachdem Boas gegessen und getrunken hatte, legte er sich hin und schlief ein.

Rut entblößte seine Beine und schlüpfte unter die Decke des Boas. Diese Formulierung, wie auch die Beschreibung des nachfolgenden Geschehens, ist voll mit erotischen Anspielungen. Sie regen die Phantasie der Leserinnen und Leser an und verleiten zum Schmunzeln. Sie lassen aber immer alles offen.

Rut wartete. Hatte ihr nicht Noomi geraten, auf die Anweisungen von Boas zu warten?

Doch – es geschah nichts.

Rut wartete bis Mitternacht.

Mitternacht – die Stunde, in der außergewöhnliche Dinge geschahen. Um Mitternacht kam der Verderber und tötete die Erstgeborenen in Ägypten (2. Mose 11, 4). Hiob wußte von einem plötzlichen Tod um Mitternacht (Hiob 34, 20). Mitternacht war die Stunde, in der weibliche und männliche Dämonen die Menschen bedrohten. Mitternacht war aber auch die Zeit der Entscheidung.

Um Mitternacht geschah es: Boas zitterte.

Zitterte er etwa, weil er einen numinosen Schrecken bekommen hatte und die Dämonin Lilith zu seinen Füßen glaubte?[35]

In der altorientalischen Überlieferung gehört Lilith zu den unheimlichen weiblichen Wesen, die die Männer durch ihre sexuelle Verführungskraft in ihre Gewalt brachte. In ihnen wird die Angst vieler Männer vor der Anziehungskraft der Frau deutlich.

In der Bibel wird Lilith nur in Jes 34, 14 erwähnt. Doch ist sie in unseren Übersetzungen nicht mehr als weiblicher Dämon zu erkennen. In der Züricher Bibel und im revidierten Luthertext wird ihr Name mit »Nachtgespenst« übersetzt. Nur in der Übersetzung von Buber/Rosenzweig wird Lilith noch als weiblicher Dämon »die Lut« benannt.

In einem babylonischen Text wird der Mann davor gewarnt, am siebenten Tag der Woche, der als unheilvoll gilt, auf die Terrasse des Hauses zu steigen, da sonst Lilith ihn zum Gatten nehmen wird.[36]

Und im Talmud steht: »Rabbi Hanina sagte: Man darf nicht in einem Hause allein schlafen, und wer in einem vereinzelt stehenden Haus schläft, wird von der Lilith überfallen.«[37]

In der späteren jüdischen Literatur wird Lilith Adams erste Frau, als die sie auch in Goethes Faust eingegangen ist. In der Walpurgisnacht begegnet ihr Faust und möchte wissen, wer sie sei. Mephistopheles klärt ihn auf:

»Adams erste Frau.

Nimm dich in acht vor ihren schönen Haaren,
Vor diesem Schmuck, mit dem sie einzig prangt.
Wenn sie damit den jungen Mann erlangt,
So läßt sie ihn so bald nicht wieder fahren.«[38]

Doch gibt es auch einfachere Erklärungen für Boas' Zittern, als einen unerklärbaren Schrecken vor einem weiblichen Dämon anzunehmen. Vielleicht zitterte Boas ja vor Kälte, weil Rut ihm die Decke weggezogen hatte und er nun zu frieren anfing.[39]

Einige Midraschim, jüdische Auslegungen des Textes, verstehen das Zittern des Boas als sexuelle Erregung oder als Orgasmus.[40] Boas zitterte, drehte sich um und sah eine Frau zu seinen Füßen. Er fragte sie: »Wer bist du?«

Weiter nichts. Er sagte Rut also nicht, was sie tun sollte, wie Noomi dies angenommen hatte. Und so mußte Rut selbst dem starken und mächtigen Boas sagen, was sie von ihm erwartete:

»Ich bin Rut, deine Sklavin, breite deinen Mantel über deine Sklavin aus, denn du bist ein Löser.«

Auch hier bezeichnete sich Rut als Sklavin. Doch verwendete sie in dieser Situation das Wort »Ama«, das Wort, das für die Sklavin als Nebenfrau und im Blick auf ihre sexuelle Verfügbarkeit gebraucht wurde. Denn sie hatte sich für Boas zurechtgemacht und sich neben ihn gelegt, damit er sie zur Frau nehme und damit er endlich seine verwandtschaftliche Verpflichtung wahrnehme und zu ihrem Löser werde: Zum Retter aus ihrer sozialen und wirtschaftlichen Not; zu einem, der auch seine Verpflichtung gegenüber den Toten ernst nahm.

Schließlich hatte Boas bei seiner ersten Begegnung mit Rut auf dem Feld den Wunsch ausgesprochen, daß Gott die Flügel über sie ausbreitete. Rut nahm Boas nur beim Wort, als sie ihn aufforderte, seinen Mantel über sie auszubreiten.

Das hebräische Wort »Kanaph« kann sowohl Flügel als auch Mantel bedeuten – »Den Mantel über eine Frau ausbreiten« heißt so viel wie sie heiraten (Ez 16,8). Ebenso meint »den Mantel aufdecken« Ehebruch begehen (vgl. 5. Mose 27,20). Mit diesem Bild wird die Ehe als schützende Gemeinschaft, vor allem für die Frau in der patriarchalischen Gesellschaft, beschrieben.

Während Boas es, zugespitzt gesagt, bei reichlichen Almosen und dem frommen Wunsch: Gott soll dich schützen, bewenden lassen wollte, wies Rut ihn darauf hin, daß es an ihm lag, diesen Wunsch Wirklichkeit werden zu lassen. Aus dem Mund der armen Ausländerin Rut erfuhr der reiche Boas, wie Gottes Schutz für sie wirksam wurde. So überführt, antwortete Boas mit einem Segenswunsch und einer Zusage, sich endlich um ihre Angelegenheit zu kümmern.

»Gesegnet bist du von GOTT, meine Tochter, denn deine zweite Tat ist noch besser als die erste, da du nicht hinter den jungen Männern hergelaufen bist, ob arm oder reich. Jetzt, meine Tochter, fürchte dich nicht; alles, was du mir sagst, will ich tun, denn alle im Tor meines Volkes wissen, daß du eine starke Frau bist. Tatsächlich bin ich Löser, und es ist sogar ein Löser da, der noch näher verwandt ist. Bleibe diese Nacht hier! Am Morgen soll es sich entscheiden: Wenn er dich lösen will, gut, so soll er dich lösen; wenn er aber keinen Gefallen daran hat, dich zu lösen, dann löse ich dich. So wahr GOTT lebt! Bleib hier liegen bis zum Morgen« (Rut 3,10–13).

Aus Boas' Worten wird jetzt deutlich: Gottes Wohltat zeigt sich im Handeln der Menschen. Gottes Wohltat gegenüber Noomi wurde in Ruts Freundschaft konkret.

Hätte nicht auch Rut Noomi verlassen können, um einen jüngeren Mann zu heiraten? Sie aber blieb bei Noomi.

Jetzt erst beantwortete Boas Ruts Anliegen. Er war bereit, alles zu tun, was sie von ihm erwartete. Denn wie alle Männer, die im Tor etwas zu sagen hatten – das meint wohl der Ausdruck »alle im Tor meines Volkes« –, war auch er durch ihr mutiges Auftreten davon überzeugt, daß sie eine starke Frau war. Mit diesen Worten stellte Boas Rut sich selbst gleich. Mit demselben Wort »stark« wurde anfangs auch er selbst beschrieben (2, 1).

Wie bei Boas meint das Wort »stark« hier nicht nur die individuelle persönliche Stärke, sondern das gesellschaftliche Ansehen.

Als »starke Frau« wird auch die Frau in Sprüche 31, 10–31 bezeichnet. Sie ist eine Frau, die selbständig wirtschaftet und über ihr Vermögen eigenständig verfügt und sogar Grundbesitz hat. Eine Frau, die auch nach den patriarchalen Maßstäben der Männer im Tor in allen Alltagsgeschäften »ihren Mann steht« (Sprüche 31, 31).

Doch bevor Boas Rut lösen konnte, gab es noch ein Hindernis zu bedenken: Da war ein anderer Löser, der zuvor gefragt werden mußte.

Boas schwor, daß er bereit ist, mit diesem am nächsten Morgen zu verhandeln. Dann forderte er Rut auf, während der Nacht bei ihm auf der Tenne zu bleiben. Hatte er vor, mit Rut zu schlafen? Doch würde er dann nicht gegen seine eigenen Worte handeln und vorwegnehmen, was noch nicht rechtlich ausgehandelt ist?

Oder wollte er, daß sie unbemerkt entkommen konnte? Wäre dann die Nacht nicht besser als der frühe Morgen? Wollte er verhindern, daß sie in der Nacht von den jungen Landarbeitern überfallen wurde? Oder wollte er die Gegenwart der jungen Frau so lange wie möglich genießen?

Was in dieser Nacht wirklich geschah – der Text überläßt dies der Phantasie seiner Leser und Leserinnen. Gleichviel, Rut »blieb an Boas' Beinen« bis zum Morgen. Ehe es aber so hell geworden war, daß sie gesehen werden konnte, stand Rut auf.

Bevor sie zu Noomi zurückkehrte, gab Boas ihr sechs Gerstenkörner – so die wörtliche Übersetzung des Textes.

Moderne Ausleger halten dies für eine unvollständige Aussage und ergänzen in der Regel eine Maßangabe.

Epha konnten es nicht gewesen sein, da es dann je nach Umrechnungsart ca. 240 oder 138 Liter gewesen wären. Eine Menge, die, soll sie als reale Maßangabe gelten, kaum in einen Umhang gefüllt werden konnte. Zudem ist nicht vorstellbar, wie Rut dieses Gewicht, möglichst unauffällig, nach Hause transportiert haben soll.

Vielleicht waren es sechs Omer, das heißt 24 oder 13,8 Liter. Möglich sind auch sechs Sea, das sind 2 Epha, ca. 80 oder 46 Liter, was – wie einer der Ausleger, Wilhelm Rudolph, vermerkt – »für eine junge, kräftige Bäuerin keine untragbare Last sei«.[41] Sollte die Umrechnungsart Sea zutreffen, dann hätte Boas Rut doppelt so viel mitgegeben, wie sie am ersten Tag gesammelt hatte. Damit wäre der leer nach Bethlehem zurückkehrenden Noomi erst durch Rut, dann in doppelter Weise durch Boas die Fülle zurückgegeben worden.

Doch vielleicht handelte es sich wirklich nur um sechs Gerstenkörner? In der Bibel wird die Zahl sechs häufiger im Zusammenhang mit Sättigung und Kindersegen verwendet: An sechs Tagen sammelten die Israelitinnen und Israeliten das Manna, das sie vor dem Hungertod in der Wüste errettete (2. Mose 16,26). Sechs leibliche Söhne hat Lea, mit der Rut später verglichen wird, und sechs Töchter nennt Simei zusätzlich zu seinen sechzehn Söhnen (1. Chr 4,27) sein eigen.

Dennoch bezeichnet die Zahl Sechs nur das fast Vollkommene, denn vollkommen sind sieben. Am Ende der Erzählung priesen die Frauen Bethlehems Rut gegenüber Noomi. In ihren Augen war Rut mehr wert als sieben Söhne – Ausdruck vollkommenen Kindersegens.

So könnten die sechs Gerstenkörner, die Boas Rut gab, ein symbolisches Versprechen sein, für Sättigung und Nachkommen zu sorgen, dessen vollkommene Verwirklichung aber noch ausstand.

Daß auch schon in früheren Zeiten über die Bedeutung der sechs Gerstenkörner spekuliert wurde, zeigt die Auslegung des Rabbi Solomon ben Isaak, genannt Raschi (1040–1105 n. Chr.). Nach seinem Verständnis sind die sechs Körner auf die sechs Segensgaben des Sohnes von Rut zu beziehen: Weisheit, Urteilsvermögen, Ratschluß, Stärke, Wissensgeist und Gottesfurcht.[42]

Rut ging zurück zu Noomi und erzählte ihr alles, was sich auf der Tenne zugetragen hatte. Und Noomi war nach ihrem Bericht davon überzeugt, daß die Sache gut ausgehen wird.

Die Rechtsgeschäfte der Männer
Rut 4, 1–13

(1) Boas ging hinauf zum Tor und setzte sich dort. Da kam der Löser vorbei, von dem Boas geredet hatte, und er sagte zu ihm: »Komm, setz dich hierher, Soundso!« Der Löser kam herüber und setzte sich.

(2) Da nahm Boas zehn Männer von den Ältesten der Stadt und sagte: »Setzt euch hierher«, und sie setzten sich.

(3) Boas sagte zum Löser: »Noomi, die aus dem Fruchtland Moab heimgekommen ist, verkauft den Feldbesitz, der unserem Bruder Elimelech gehört hat.

(4) Ich dachte, ich bringe es dir zu Ohren und sage dir: Kaufe den Feldbesitz vor denen, die hier sitzen, und vor den Ältesten meines Volkes. Wenn du lösen willst, so löse; wenn du nicht lösen willst, dann sage es mir doch, damit ich es weiß. Denn außer dir gibt es keinen anderen Löser als mich, ich aber komme nach dir.« Der Löser sagte: »Ich will lösen.«

(5) Da sprach Boas: »An dem Tag, an dem du den Feldbesitz aus der Hand Noomis kaufst, mußt du auch Rut, die Moabiterin, die Frau des Toten, kaufen, um den Namen des Toten auf seinem Erbbesitz weiterleben zu lassen.«

(6) Der Löser sagte: »Ich kann nicht lösen, damit ich meinen Erbbesitz nicht schädige. Übernimm du meine Lösepflicht, denn ich kann sie nicht erfüllen.«

(7) Dies galt früher in Israel: Um bei der Lösepflicht und beim Tausch eine Sache zu bekräftigen, zog der eine seinen Schuh aus und gab ihn dem anderen; dies galt als Bestätigung in Israel.

(8) Der Löser sprach zu Boas: »Kauf' du es!« und zog seinen Schuh aus.

(9) Da sagte Boas zu den Ältesten und zum ganzen Volk: »Ihr seid heute Zeugen, daß ich alles, was dem Elimelech gehörte, und alles, was dem Machlon und dem Kiljon gehörte, aus der Hand Noomis gekauft habe.

(10) Und auch Rut, die Moabiterin, die Frau des Machlon, habe

ich mir als Ehefrau gekauft, um den Namen des Toten auf seinem Besitz weiterleben zu lassen; der Name des Toten wird nicht ausgerottet werden aus seinen Verwandten und aus dem Tor seines Ortes. Ihr seid heute Zeugen.«

(11) Das gesamte Volk, das im Tor war, und die Ältesten antworteten: »Wir sind Zeugen. GOTT lasse die Frau, die in dein Haus hineingeht, wie Rahel und Lea werden, die beide das Haus Israel bauten. Bring Stärke hervor in Efrata und mache dir einen Namen in Bethlehem.

(12) Dein Haus sei wie das Haus des Perez, den Tamar dem Juda gebar, durch die Nachkommenschaft, die dir GOTT durch diese junge Frau gebe.«

(13) So nahm Boas Rut zur Frau und schlief mit ihr. GOTT ließ sie schwanger werden und sie gebar einen Sohn.

Stand bisher das Handeln der Frauen im Mittelpunkt, so sind es jetzt die Rechtsgeschäfte der Männer, die im Licht der politischen Öffentlichkeit Bethlehems stattfanden.

Denn Rut und Noomi konnten ihre Angelegenheit nicht selbst in die Hand nehmen, sondern mußten ihre ganze Energie daran setzten, Boas dafür zu gewinnen.

In zwei ähnlichen Fällen waren es die betroffenen Frauen selbst, die ihre Sache vor eine höhere Instanz brachten.

So konnte, nach dem schon früher erwähnten Rechtstext, eine Frau, deren Schwager das Levirat verweigerte, selbst ans Tor zu den Ältesten gehen und ihre Sache vorbringen (5. Mose 25,5–10). Im zweiten Fall geht es um eine Frau, die ihr Land wegen einer Hungersnot verlassen hatte. Als sie zurückkehrte, war ihr ihr Land weggenommen worden. Sie ging zum König, um sich ihr Recht zu verschaffen, und erhielt es auch (2. Kön 8,1–6).

Daß Frauen auch in späterer Zeit vor Gericht erscheinen konnten, zeigt das Gleichnis von der fordernden Witwe (Lukas 18,1–6). Doch war die Lage der Frauen in den beschriebenen Fällen nicht einfach. Abgesehen davon, daß im ersten Fall nicht klar ist, inwieweit das Gesetz überhaupt eingehalten wurde und rechtsgültig war, bestand die einzige Strafe für den, der einer Frau das Levirat vorenthielt, darin, daß die Frau ihn öffentlich bloßstellen konnte.

In allen Fällen handelt es sich wie bei Rut und Noomi um Witwen, die ohne einflußreiche Männer in der Rechtssprechung einer patriarchalischen Gesellschaft auf den Gerechtigkeitssinn und die Gottesfurcht der jeweils Rechtsprechenden angewiesen waren. Auf diesem Hintergrund ist es ein Zeichen von Klugheit, daß Rut und Noomi den einflußreichen Boas gewinnen konnten, ihre Angelegenheit vor dem Ältestengericht am Tor zu vertreten.

In kleinen Städten wie Bethlehem, in denen es keine großen öffentlichen Bauten wie einen Tempel oder den Palastbezirk der Provinzgouverneure gab, war die Toranlage in der Stadtmauer und der Platz im Tor das Zentrum des öffentlichen Lebens. Wer in Jerusalem war, kennt das Damaskustor. Archäologische Ausgrabungen bestätigen, daß die alten Toranlagen ähnlich ausgesehen haben müssen: Das Tor konnte ein zweistöckiges Gebäude (vgl. 2. Sam 19,1) sein, das in die Stadtmauer eingebaut war. Der Durchgang war zwei bis vier Meter breit und wurde bei Nacht oder wenn Gefahr drohte durch hölzerne Flügeltüren, die durch einen Riegel von innen gesichert wurden, verschlossen. Im Tor befand sich die Torhalle. Sie hatte einen gepflasterten Fußboden, Wandnischen, auf denen Waren zum Verkauf angeboten werden konnten, und Sitzbänke für die Wachen (Jer 37,13). Hinter dem Tor lag der freie Platz am Tor der Stadt (2. Chr. 32,6).

Auf dem freien Platz am Tor boten die Händlerinnen[43] und Händler ihre Waren an (vgl. Neh 13,15–22), versammelten sich Frauen und Männer, um den Bußrufen von Prophetinnen[44] und Propheten (Jer 17,19; 19,2) oder den Worten der Weisheitslehrenden zu lauschen. Hier wurde musiziert und getanzt (Klgl 5,14), wurden Neuigkeiten ausgetauscht (Ps 69,13), warteten Durchreisende darauf, bewirtet zu werden (Ri 19,19) oder übernachteten einfach im Freien.

Doch vor allem kamen hier die Sippenoberen, das Ältestengericht, zusammen, um über wichtige Entscheidungen zu beraten und Gericht zu halten.

Boas ging am frühen Morgen zum Tor, um auf den Löser zu warten. Der frühe Morgen war dafür ein günstiger Zeitpunkt, denn alle, die zur Arbeit aufs Feld wollten, mußten dort vorbeigehen. Als der Löser vorbeikam, rief Boas ihm zu:

»Komm, setz dich hierher, Soundso!« (Rut 4,1).

Boas nannte den Löser »Soundso«, der Löser bleibt also namenlos. Sollte sein Name geheimgehalten werden, so wie dieser Ausdruck an anderen Stellen bewußt geheimgehaltene Orte bezeichnete (1. Sam 21,3; 2. Kön 6,8)? Vielleicht, weil er – wie sich zeigen sollte – nicht die gesamten Verpflichtungen übernahm und so dem Ansehen der Sippe schadete?

Oder sollte hiermit gesagt gesagt werden: Dieser Mann ist gesichts- und bedeutungslos? Dies ist wahrscheinlich, da alle anderen Frauen und Männer Namen tragen, die sie charakterisieren und ihnen Bedeutung geben.

Nachdem Boas den »Soundso« herbeigerufen hatte, rief er zehn Männer zusammen, daß heißt er berief das Ältestengericht ein. Dies war kein feststehendes Gremium, sondern bestand aus den Oberhäuptern der Großfamilien, die über die Familie Verfügungsgewalt hatten und deren Interessen auch nach außen vertreten konnten.

Schon hier deutet sich die jüdische Tradition an, nach der in späterer Zeit zehn Männer zusammenkommen müssen, um eine wichtige Institution zu bilden. So verlangt die Damaskusschrift, die einige Jahrhunderte nach dem Rutbuch entstand, daß es mindestens zehn Männer sein sollen, die zu Gericht sitzen.

In der rabbinischen Zeit entstand dann die Vorschrift, daß zehn religiös volljährige Personen – man nennt diese Gruppe ein »Minyan« – für einen Gottesdienst erforderlich sind. So ist es wahrscheinlich, daß die Zehnzahl hier schon ein Schritt in die Richtung dieser Entwicklung ist.

Da nun alle versammelt waren, brachte Boas sein Anliegen vor: »Noomi, die aus dem Fruchtland Moab heimgekommen ist, verkauft den Feldbesitz, der unserem Bruder Elimelech gehört hat. Ich dachte, ich werde es dir zu Ohren bringen und dir sagen: Kaufe den Feldbesitz vor denen, die hier sitzen und vor den Ältesten meines Volkes. Wenn du lösen willst, so löse; wenn du es nicht lösen willst, dann sage es mir doch, damit ich es weiß. Denn außer dir gibt es keinen Löser, und ich komme nach dir« (Rut 4, 3 f).

Manche haben sich daran gestoßen, daß Noomi das Feldstück verkaufte.

Sie gehen davon aus, daß die israelitische Frau kein Land besitzen konnte und Noomi deshalb höchstens ein Verfügungsrecht über den Landbesitz hatte. Als Argument wird ein Gesetz angeführt, das zwar erlaubte, im Fall keine Söhne vorhanden waren, daß auch die Töchter erben konnten, vom Erbrecht der Ehefrau sei in diesem Zusammenhang jedoch keine Rede (4. Mose 27, 1-11; 36).

Doch regeln die Gesetze über das Erbrecht nur den Normalfall. Der besondere Fall, der hier vorliegt, daß weder erbberechtigte Söhne noch Töchter vorhanden sind, wird nicht erwähnt. Auch verbietet diese Formulierung nicht, daß Ehefrauen erben können. Zudem ist es durchaus möglich, daß sich die Praxis von den Gesetzen unterscheidet. So gab Hiob seinen Töchtern ein Erbteil, obwohl auch er Söhne hatte (Hiob 42, 15).

Auch in den an Israel angrenzenden Ländern konnten Frauen ihre Männer beerben. In einem Text aus Nuzi (einem Stadtstaat, der vom 2. Jt. bis zum 1. Jt. v. Chr. bestand), wird deutlich, daß die Frau Erbin wurde und mit ihrem Besitz machen konnte, was sie wollte.[45]

Und im Codex Hammurapi heißt es in einer Bestimmung über Soldaten und Abgabepflichtige in § 39:

»Von einem Felde, einem Baumgarten oder einem Haus, die er durch Kauf erwirbt, darf er etwas seiner Frau oder seiner Tochter verschreiben; auch darf er etwas davon für eine auf ihm lastende Schuldverpflichtung hingeben.«[46]

Auch wenn es sich für die Königszeit in Israel um ein singuläres Phänomen handelt, so wird doch die schon erwähnte Frau in 2. Kön 8 ausdrücklich im Zusammenhang mit Landeigentum genannt. Für die persische Zeit, in der auch das Buch Rut entstanden ist, ist der Feldbesitz von Frauen kaum anzuzweifeln, wie u. a. Spr 31, 10–31 zeigt. Allerdings ist in beiden Texten nicht ersichtlich, ob die Frauen das Land als Töchter von ihrem Vater erbten oder es ihnen aus anderen Gründen gehörte.

So ist also trotz mancher Bedenken davon auszugehen, daß Noomi Besitzerin des Feldes war.

Doch stellt sich dann die Frage: Wenn Noomi Land besaß, warum mußte dann Rut auf den Feldern des Boas Ähren lesen?

Am einleuchtendsten ist folgende Erklärung: Noomi war es ähnlich ergangen wie der Frau in 2. Kön 8. Wie diese hatte sie wegen einer Hungersnot mit ihrer Familie das Land verlassen. Wahrscheinlich war es nicht groß genug, um so viel zu erwirtschaften, daß auch für Notzeiten genügend übrig blieb. Durch den Tod aller männlichen Familienmitglieder gehörte es schließlich ihr. Als sie in Bethlehem ankam, hatte sich ein anderer das Land unrechtmäßig angeeignet. Möglich ist, daß dies gerade Witwen, deren Erbrecht in Israel nicht gesetzlich festgelegt war, häufiger widerfahren ist (vgl. Spr 15,25) und deshalb auch nicht ausdrücklich erwähnt wird.

Indem nun der einflußreiche Boas das Feldstück zur rechtmäßigen Lösung anbot, wurde damit vor den anderen im Tor proklamiert: Noomi ist die rechtmäßige Besitzerin. Das Recht des Lösers bestand in diesem Fall aus einem Vorkaufsrecht, wie es in Jer 32,6 ff beschrieben ist: Hier will ein Verwandter Jeremias ein Feldstück verkaufen und bietet Jeremia das Vorkaufsrecht an.

Ob es sich bei der Lösung um den Rückkauf eines aus Not verkauften Feldstücks handelte wie in 3. Mose 25,25 ff oder um ein Vorkaufsrecht, in beiden Fällen sollte das Land auch dann, wenn der Besitzer oder die Besitzerin in Not geraten war, im Besitz der Sippe bleiben. Ihr gehörte nach altisraelitischem Bodenrecht das Land. Sie trug die Verantwortung für alle ihre Mitglieder. Dies war begründet in dem Glauben, daß das Land keinem einzelnen gehört, sondern Eigentum Gottes ist. Die Menschen erhielten es von Gott nur als Leihgabe, um damit in Freiheit und Würde ihren Unterhalt zu verdienen.

Die festgelegte Reihenfolge des Vorkaufsrechts garantierte einen realistischen Preis. Kein Gläubiger oder Verwandter, der nicht an der Reihe war, konnte einen Preis zu den von ihm diktierten Bedingungen durchsetzen. So stand hinter dem Lösungsrecht die Idee, den Schwachen zu helfen und die Grundstückskonzentration in der Hand weniger Reicher zu verhindern. Auf diese Weise sollte ausgeschlossen werden, daß eine vom wirtschaftlichen Abstieg bedrohte Familie völlig verelendete oder gar noch in die Schuldknechtschaft geriet.[47]

Mit dem Vorkaufsrecht für Noomis Acker war verbunden die Fürsorge für die Witwe bis zu ihrem Tod, einschließlich ihres Begräbnisses.

Hierzu war der Löser bereit, denn durch den Kauf konnte er seinen Grundbesitz erweitern. Außerdem war Noomi alt. Insgesamt machte er kein schlechtes Geschäft und übernahm gleichzeitig die von ihm erwartete Treueverpflichtung.

Die Geschichte erhält damit eine unerwartete Wendung und Spannung entsteht: Würde nun doch ein anderer als Boas Löser werden? Hatte Boas doch kein Interesse, selbst Löser zu sein?

Doch sehr geschickt erwähnte Boas erst jetzt die zweite Bedingung des Handels: »An dem Tag, an dem du den Feldbesitz aus der Hand Noomis kaufst, sollst du auch Rut, die Moabiterin, die Frau des Toten, kaufen, um den Namen des Toten auf seinem Erbbesitz weiterleben zu lassen« (Rut 4,5).

Daß es sich hierbei um ein reines Rechtsgeschäft der Männer handelte, wird darin deutlich, daß Boas nur die Seite der Angelegenheit bedachte, die aus Männersicht wichtig war: Während Noomi sich dafür einsetzte, ein Zuhause auch für Rut zu schaffen, betonte er die rechtliche Verpflichtung, den Namen des Verstorbenen weiterleben zu lassen.

Deshalb redete er nicht nur vom Kauf des Feldbesitzes, sondern auch vom Kauf der Rut.

Warum Boas den Kauf des Feldes mit dem Levirat zusammenbrachte, darüber ist schon viel nachgedacht worden. Ich möchte hier nur so viel feststellen:

Daß Boas beide Rechtsgeschäfte miteinander verband, was in den biblischen Texten einzigartig ist, kann, nach der Intention der Erzählung, auf das geschickte Handeln der beiden Frauen zurückgeführt werden. Denn nur durch Noomis klugen Plan und Ruts mutige Ausführung konnten sie den einflußreichen Boas für sich und ihr Anliegen gewinnen, und erreichen, daß nicht nur Noomi ihr unrechtmäßig enteignetes Feld verkaufen, sondern auch Rut ein Zuhause finden konnte. Nicht zuletzt war es dadurch möglich, daß auch die Lebensgemeinschaft der beiden Frauen, nämlich im Haus des Boas, weiter bestehen konnte.

Der namenlose Löser mußte, nachdem er die zweite Bedingung des Handels erfahren hatte auf sein Vorkaufsrecht verzichten.

Er war bereit, einer älteren Frau einen würdigen und sorglosen Lebensabend zu sichern. Zusätzlich aber noch deren Schwiegertochter zu heiraten und einen Erben heranzuziehen, der dann auch noch das gekaufte Grundstück erben würde, das überstieg seine Möglichkeiten.

Mit dem Verzicht des »Soundso« war der Weg für Boas frei. Jetzt konnte er kaufen. Um die getroffene Vereinbarung zu bekräftigen, wurde auf einen alten Brauch zurückgegriffen: Der namenlose Löser zog seinen Schuh aus und reichte ihn Boas.

Dieser Brauch ist so alt, daß er schon in der biblischen Erzählung eigens erklärt werden mußte: »Dies galt früher in Israel: Um bei der Lösungspflicht und beim Tausch eine

Sache zu bekräftigen, zog der eine seinen Schuh aus und gab ihn dem anderen; dies galt als Bestätigung in Israel« (Rut 4, 7).

Unbestritten ist, daß der Löser seinen Schuh auszog, um auf diese Weise deutlich zu machen, daß er von seinem Anrecht, das Land zu kaufen, zurücktrat. Denn der Schuh oder die Sandale waren ein Zeichen für den Besitzanspruch, der mit dem »Betreten« eines Landes dokumentiert wurde (1. Kön 21, 15 f).

Besteht aber auch ein Zusammenhang mit dem Levirat?

Nach dem schon erwähnten Gesetz über die Leviratspflicht (5. Mose 25, 5–10) hatte die Frau das Recht, vor den Ältesten der Stadt ihrem Schwager den Schuh vom Fuß zu ziehen und ihm ins Gesicht zu speien, wenn er sich seiner Verantwortung entzog. Der entsprechende Mann sollte dann »Barfüßer« heißen. Warum sollte mit diesem Ritus also nicht gleichzeitig der Anspruch auf eine Frau »abgetreten« werden? Aus dem mittelalterlichen Deutschland ist eine ähnliche Symbolik bekannt. In dieser Zeit galt, daß der Ehemann auf den Fuß der Frau trat, wenn eine Ehe geschlossen wurde. Dies verstand man als Ausdruck der Übergabe der Frau aus der Gewalt des Vaters in die Gewalt des Ehemannes.[48]

Nachdem der Löser es vorgezogen hatte, sein Erbgut zu wahren, könnte Boas kaufen. Vor den Ältesten und allem Volk machte er den Kauf rechtsgültig.

Von Rut im verborgenen Dunkel der Nacht dazu verführt, nicht nur vom Schutz des Gottes Israels zu reden, sondern diesen Schutz selbst zu geben, stand er nun im Licht der Öffentlichkeit als einer da, der seine Verpflichtung gegenüber der Sippe ernst nahm und der dafür sogar bereit war, die Moabiterin Rut, eine Ausländerin, zu heiraten.

Die Bevölkerung Bethlehems und die Ältesten bestätigten

diesen Rechtsakt als Zeuginnen und Zeugen und sprachen ihre Glückwünsche aus:

»GOTT lasse die Frau, die in dein Haus hineingeht, wie Rahel und Lea werden, die beide das Haus Israel bauten. Bring Stärke hervor in Efrata und mache dir einen Namen in Bethlehem. Dein Haus sei wie das Haus des Perez, den Tamar dem Juda gebar, durch die Nachkommenschaft, die dir GOTT durch diese junge Frau gebe« (Rut 4, 11 f).

Zuerst wurde Boas zu Rut beglückwünscht.

Im Gegensatz zu Boas, der sie im Verlauf der Verhandlung zu einem Kaufobjekt machte, wie den Feldbesitz der Noomi, sah die Bevölkerung Bethlehems in Rut eine selbständig handelnde Frau. Nach ihrer Interpretation wurde Rut weder gekauft noch wurde sie »genommen«, wie es sonst bei Eheabschlüssen heißt, sondern ging sie selbst ins Haus des Boas.

Sie wird mit Rahel und Lea verglichen, die beide das Haus Israels gebaut haben, während ihr gemeinsamer Mann Jakob, der Stammvater Israels, hier auffälligerweise nicht erwähnt wird. Vielleicht sollte daran erinnert werden, daß es in diesem Fall der Geburtenwettkampf der beiden Schwestern war – und der ihrer Sklavinnen Bilha und Silpa, die sie als Leihmütter benutzten – der später die zwölf Stämme Israels hervorbrachte. Jakob dagegen wurde im Streit der beiden Schwestern hin und her geschoben (1. Mose 29, 31–30,24).

Rut die Ausländerin wurde mit Rahel und Lea verglichen. So wurde sie nicht nur von der gesamten Bevölkerung als eine der ihren angenommen, sondern damit wurde ihr gleichzeitig die höchste Ehre zugesprochen, die einer israelitischen Frau zuteil werden konnte.

Auffällig ist, daß die jüngere Rahel vor der älteren Lea erwähnt wird.

Möglich ist, daß sie besonders hervorgehoben wird, weil zur Zeit der Entstehung des Buches Rut das Grab Rahels in Bethlehem schon verehrt wurde, wie es bis heute der Fall ist. Zwischen Rahel und Rut gab es zudem noch mehr Gemeinsamkeiten als zwischen Lea und Rut: Beide galten als attraktive Frauen, worauf im Fall Rut die nächtliche Verführungsszene hindeutet (zu Rahel vgl. 1. Mose 29, 17), und auch Rahel blieb, wie Rut in ihrer Ehe mit Machlon, lange Zeit unfruchtbar.

Bei beiden wurde die Rangordnung umgestoßen: Die jüngere und damit im Ansehen niedrigere rückte an erste Stelle. Ein Gedanke, wie er auch im Lied der Hanna (1. Sam 2) und im Magnifikat der Maria (Lk 1, 46–56) besungen wird.

Erst jetzt wurde auch Boas beglückwünscht. Das, was ihm zu einem glücklichen Ausgang noch fehlte, war Stärke. Dies kann im Sinne von Macht und Reichtum verstanden werden, wie es auch von den meisten Auslegern getan wird. Doch war Boas nicht schon vermögend? Hatte er nicht schon Macht? Vorher und nachher geht es um die Nachkommen. Wenn die Frauen und Männer Bethlehems Boas Stärke wünschten, so klingt meiner Meinung nach in diesen Worten auch die Hoffnung auf Potenz und Fruchtbarkeit an. Denn nur dann war Boas in der Lage, das einzuhalten, was er sich vorgenommen hatte und konnte den Namen des Verstorbenen wieder in Bethlehem aufleben lassen. Sein Haus wurde mit dem Haus des Perez verglichen. Wer die Geschichte von Tamar kennt, weiß: Perez wurde nur geboren, weil Tamar, indem sie ihr Leben riskierte, von ihrem Schwiegervater Juda schwanger wurde. Auch hier hat, wie bei Rut, das mutige Handeln einer Frau die Geschichte der Männer erst möglich gemacht.

Die Glück- und Segenswünsche gingen in Erfüllung.

Boas heiratete Rut, schlief mit ihr, sie wurde schwanger und brachte einen Sohn zur Welt. So wurde häufig von der Zeugung und Geburt eines Sohnes berichtet. Doch wird hier, im Unterschied zu anderen Erzählungen, die Empfängnis des Sohnes ausdrücklich als Geschenk GOTTes gedeutet. Dies ist um so auffälliger, als sonst im Buch Rut Gott nur in Glück- und Segenswünschen oder in Schwurformeln vorkommt. Nur an einer einzigen Stelle der Erzählung ist ebenfalls erwähnt, daß Gott handelt:

Gott gab dem Volk wieder Brot, so daß Rut und Noomi nach Bethlehem, dem Haus des Brotes, zurückkehren konnten (Rut 1,6).

Dahinter steht für mich eine tiefe Einsicht des Buches Rut: An keiner Stelle wird davon geredet, daß Gott handelt, wenn Frauen und Männer in der Lage sind, selbst etwas zu tun. Nur dort, wo menschliches Handeln an seine Grenzen stößt, kommt Gott ins Spiel: beim Ende einer Hungersnot, beim Werden eines Menschen.

»... besser als sieben Söhne«
Rut 4, 14–22

(14) Da sprachen die Frauen zu Noomi: »Gesegnet sei GOTT, der es dir heute nicht an einem Löser hat fehlen lassen: Sein Name soll genannt werden in Israel.

(15) Er wird deine Seele erquicken und dich im Alter versorgen, denn deine Schwiegertochter, die dich liebt, hat ihn geboren. – Sie, die für dich besser ist als sieben Söhne.«

(16) Noomi nahm das Kind, legte es auf ihren Schoß und wurde seine Pflegemutter.

(17) Die Nachbarinnen gaben ihm einen Namen und sprachen: »Ein Sohn ist der Noomi geboren« und nannten ihn Obed. Der ist der Vater Isais, des Vaters von David.

(18) Dies ist der Stammbaum des Perez: Perez zeugte Hezron.

(19) Hezron zeugte Ram. Ram zeugte Amminadab.

(20) Amminadab zeugte Nahason. Nahason zeugte Salmon.

(21) Salmon zeugte Boas. Boas zeugte Obed.

(22) Obed zeugte Isai. Isai zeugte David.

Wieder erschienen die Frauen Bethlehems bei Noomi. Rut hatte einen Sohn geboren, doch beglückwünschten die Frauen nicht die leiblichen Eltern, sondern Noomi. Nun hatte auch sie einen Löser gefunden. Ihr Löser war nicht Boas, sondern das Kind, das Rut geboren hatte. Es war Löser, weil es Noomi zu einem neuen Leben verhalf und sie vom geschichtlichen und sozialen Tod befreite. Der neugeborene Sohn würde später ihre zunächst von Boas übernommene Versorgung im Greisenalter fortführen. Deshalb würde sein Name auch in Israel gerufen werden. Indem Rut dieses Kind für Noomi zur Welt brachte, zeigte sie in einzigartiger Weise ihre Liebe zu Noomi. Sie hatte damit den Maßstab ihrer patriarchalischen Welt, in der ein

Mann mehr wert war als eine Frau, ein Sohn mehr zählte als eine Tochter, durchbrochen. Sie hatte dies in vollkommener Weise getan, da sie Noomi nicht nur kurzfristig das Überleben sicherte, indem sie ihr Essen von ihrer Feldarbeit mitgebracht hatte, sondern auch langfristig die Versorgung ihres Alters garantierte. Deshalb war sie für Noomi mehr wert, war es besser, sie zur Tochter zu haben als sieben Söhne. Größer konnte das Lob der Frauen über Rut nicht sein. Denn in ihrer patriarchalischen Welt bedeuteten sieben Söhne ein erfülltes Leben für eine Frau.

Durch ihre Liebe zu Noomi hatte Rut die Maßstäbe dieser Welt überwunden und gezeigt, wie solidarisches Handeln in ihrer Lebenswelt aussehen konnte.

Nur an dieser Stelle in der gesamten Erzählung wird von Liebe gesprochen, – der Liebe von einer Frau zu einer anderen.

Noomi nahm den Jungen auf ihren Schoß. Dies ist mehr als die zärtliche Geste einer glücklichen Großmutter.

In der Erzählung vom Wettstreit der beiden Schwestern Lea und Rahel mißbrauchte Rahel ihre Sklavin Bilha als Leihmutter. Das Kind, das diese zur Welt brachte, würde als Kind Rahels gelten. In diesem Zusammenhang wird erwähnt, daß Bilhas Kind auf Rahels Schoß geboren werden sollte (1. Mose 30,3). Ob dahinter ein Adoptionsritus steht oder nicht: Durch diese Redeweise wurde zum Ausdruck gebracht, daß Bilha zwar die leibliche, Rahel aber die soziale Mutter war und damit die gesellschaftlich anerkannte.

Ähnlich ist es bei Rut und Noomi: Indem Noomi das Kind auf ihren Schoß nahm, machte sie deutlich, daß sie die soziale Mutter ist. Schließlich erwartete sie von diesem Sohn ihre Altersversorgung.

Die Nachbarinnen gaben dem Jungen einen Namen, sie nannten ihn Obed.

Was von manchen übersehen wird, ist, daß auch der Name des Sohnes ein sprechender Name ist.[49] In ihm klingt das hebräische Wort für Sklave, Knecht, Diener an.

Ungewöhnlich ist, daß die Nachbarinnen dem Kind einen Namen gaben. Waren es doch sonst entweder die Mutter oder der Vater, die dies taten.

Indem die Nachbarinnen für Noomis Sohn diesen Namen wählten, deuteten sie das Geschehen aus ihrer Sicht: Dieser Sohn war der »Diener« seiner Mutter, da er die Verpflichtung hatte, für sie zu arbeiten und sie zu versorgen, solange sie lebte. Da aber die Nachbarinnen dem Kind diesen Namen gaben – und nicht etwa Noomi, Rut oder Boas – und diesen Sohn damit in gewisser Weise auch für sich beanspruchten, wird deutlich, daß mit diesem Kind mehr geboren wurde als die Hoffnung der Noomi auf Altersversorgung.

In seinem Namen wird die Sehnsucht der Menschen und vor allem der Frauen jener Zeit lebendig nach einem, der nicht Herr, sondern Diener ist. Einer, der ganz im Sinne von Gottes Liebe und Gerechtigkeit handelt, Gottes Knecht ist. Von ihm heißt es an anderer Stelle:

Gott spricht: »Siehe, das ist mein Knecht – ich halte ihn – und mein Auserwählter, an dem meine Seele Wohlgefallen hat. Ich habe ihm meinen Geist gegeben; er wird das Recht unter die Heiden bringen.

Er wird nicht schreien noch rufen, und seine Stimme wird man nicht hören auf den Gassen.

Das geknickte Rohr wird er nicht zerbrechen, und den glimmenden Docht wird er nicht auslöschen. In Treue trägt er das Recht hinaus. Er selbst wird nicht verlöschen und nicht zerbrechen, bis er auf Erden das Recht aufrichte...« (Jesaja 42, 1–5).

Mit dem Ausruf der Nachbarinnen kann die Erzählung ursprünglich aufgehört haben.[50] Darin stand die beispielhafte Freundschaft einer einfachen jüdischen Frau mit einer Moabiterin im Vordergrund – zwei Frauen, denen es in gegenseitiger Hilfe und besonders durch den mutigen Einsatz der Ausländerin gelang, dem sozialen Elend zu entkommen.

Doch in der uns überlieferten Fassung endet die Erzählung mit einem Stammbaum, einer Genealogie, die knapp beschreibt, daß dieser Obed nun auch noch der Großvater Davids ist. Manche schließen daraus, daß die ganze Erzählung nur überliefert wurde, um zu erklären, warum David eine moabitische Großmutter hatte.[51] Doch dafür enthält sie zu viele Details über die Lebenssituation der Frauen.

Indem die Geschichte der beiden Frauen nachträglich in den größeren Zusammenhang der Geschichte Israels gestellt wurde, erhielt sie ein besonderes, politisches Gewicht:

Denn wurde diese Genealogie verfaßt, um die Hoffnung auf den »neuen David«, den Messias, zu beschreiben, dann heißt das im Blick auf die beiden Frauen:

– Seine Geschichte wird nicht mit der Geschichte der Machthaber verbunden, sondern mit der Geschichte zweier Witwen: Rut und Noomi.

– Auch wenn in dem Stammbaum Frauen nicht erwähnt werden, so sind sie doch denen, die die Tradition kennen, gegenwärtig.

Frauen und Männer, die die Namen Perez und Obed hörten, kannten die Umstände ihrer Geburt:

Nur weil Tamar für ihre eigene Erlösung aus dem sozialen Tod kämpfte, wurde die Geburt des König David möglich.

Nur weil Rut aus Liebe zu einer anderen Frau ihre sichere Existenz riskierte, konnte dieser Stammbaum geschrieben werden. Beide kämpften für ihre Befreiung und die anderer Frauen in einer patriarchalischen Gesellschaft, repräsentiert durch Juda und Boas. Sie veränderten damit nicht nur das Verhalten dieser Männer, sondern auch die Gesellschaft, in der sie lebten, und die Geschichte.

– Weist dieser Stammbaum auf den neuen David, so wird damit auch gesagt: Durch Frauen, die so handeln wie Rut, wird das Kommen des Messias und damit die Hoffnung auf eine umfassende Befreiung aller Menschen erst möglich.

Wie das Buch Rut heute verstanden werden kann – Anstöße zum Weiterdenken

»Die Bibel ist kein Werkzeug zur Durchführung menschlicher Pläne. Weder löst sie Probleme, noch gibt sie Rezepte. Sie eröffnet nur Wege, weist auf Ursachen hin, zündet Lichter an.«
Was der brasilianische Befreiungstheologe Carlos Mesters[53] auf schöne Weise für biblische Texte allgemein gesagt hat, darf uneingeschränkt auch auf die Erzählung von Rut und Noomi angewendet werden.
Ich möchte hier einiges von dem benennen, was sich mir beim Lesen des Buches Rut im Blick auf unsere Gegenwart erhellt hat.

»... einmal im Monat gehe ich ins Eiscafé«

Das Leben von Rut und Noomi ist dadurch bestimmt, daß sie Witwen sind, deshalb sind sie auch arm.
Bedingt durch den zweiten Weltkrieg und die höhere Lebenserwartung von Frauen, sind in der Bundesrepublik ein großer Teil der älteren Menschen ledige oder verwitwete Frauen. In den alten Ländern der Bundesrepublik (für die neuen Länder liegen mir leider keine Zahlen vor) galt für 1988, daß fast ein Drittel der Bevölkerung 60 Jahre und älter ist, das sind 15% aller Männer, aber ca. 24% aller Frauen. Da heutzutage jeder neugeborene Junge eine durchschnittliche Lebenserwartung von 71 Jahren hat, ein

Mädchen dagegen eine von 78 Jahren, bewirkt diese unterschiedliche Lebenserwartung zusammen mit dem Ausfall der durch den Zweiten Weltkrieg geschwächten Jahrgänge der Männer, daß zur Gruppe der über 60jährigen heute doppelt so viele Frauen wie Männer gehören.

Dabei unterscheidet sich die Lebenssituation der heute älteren Frauen erheblich von der älterer Männer: Bei den 60jährigen Frauen gibt es sechsmal so viele Witwen wie verwitwete Männer, die meisten von ihnen leben in einem Ein-Personen-Haushalt.[53]

In vielen Gemeinden sind diese Frauen die regelmäßigsten Gottesdienstbesucher, sind sie es, die einspringen, wenn Hilfe gebraucht wird.

Ich erinnere mich an Frau K.

Wenn ich die Fünfundsechzigjährige auf der Straße traf, war sie abweisend, wirkte verbittert.

Einmal begegnete ich ihr im Eiscafé. Sie war offen und wie verwandelt. Wie kamen ins Gespräch.

Da erzählte sie mir: Immer hatte sie getan, was von ihr verlangt wurde. Sie war zu Hause geblieben wegen der Kinder, hatte nicht für die eigene Rente geklebt – wer dachte schon ans Alter? – denn das Geld wurde dringend gebraucht.

Dann wurde ihr Mann Frührentner und ein so schwerer Pflegefall, daß sie es nicht mehr schaffte und ihn ins Pflegeheim brachte. Dort starb er. Ihre Kinder haben ihr nicht verziehen, daß sie ihren Mann nicht zu Hause pflegte.

Von ihnen hat sie keine Unterstützung zu erwarten.

Jetzt lebt sie von der mageren Rente, die ihr Mann ihr hinterlassen hat.

»Doch,« sagte sie mit einem leisen Lächeln, »einmal im Monat gönne ich mir etwas. Dann gehe ich ins Eiscafé und trinke einen Kaffee, und an warmen Tagen genehmige ich mir ein Eis.«

Frau K.'s Worte zeigen, daß selbst in einem reichen Land wie der Bundesrepublik materielle Armut, vor allem für ältere Frauen, keine Ausnahme ist:

In den alten Bundesländern haben 92% aller Frauen eine Rente von unter 1000 Mark und rund 30% der über 60jährigen Frauen verfügen über ein Einkommen, das geringer ist als 800 Mark.

1984 waren unter den über 60jährigen Sozialhilfeempfängern 79,8% Frauen.[54]

Diese finanzielle Notlage betrifft vor allem Witwen, die nicht selbst erwerbstätig waren oder, was nur selten vorkommt, über ein Vermögen verfügen, das ausreicht, um ihren Lebensabend zu sichern.

Fast die Hälfte der Frauen nimmt die ihnen zustehende Sozialhilfe nicht in Anspruch – aus Stolz und Scham oder aus Rücksicht auf die Kinder.

Warum gehören viele ältere Frauen auch in einem reichen Land wie der Bundesrepublik zu den Armen?

Die Gründe beschreiben die Lebenswirklichkeit vieler Frauen heute:

– Frauen bekommen im Vergleich mit Männern immer noch nicht überall gleichen Lohn für gleiche Arbeit.

– Während bei Männern die Zeit, die für die Rentenversicherung angerechnet wird, durchschnittlich 43 Jahre beträgt, sind es bei Frauen nur 22 Jahre.

– Wegen der Kindererziehung unterbrechen viele Frauen ihre Erwerbstätigkeit und haben dann Schwierigkeiten, wenn sie die Arbeit wieder aufnehmen wollen, oder sie gehen Beschäftigungen nach, die niedrig entlohnt werden und nicht sozialversicherungspflichtig sind.

– In der Regel müssen verwitwete Frauen von einer

Hinterbliebenenrente leben, die nur 60% der jeweiligen Rente des Ehemannes beträgt. Sie fällt damit erheblich niedriger aus als die Rente, die der sein Leben lang erwerbstätige Ehemann erhält, wenn er seine Ehefrau überlebt.[55] Die steigenden Mieten und die mit fortschreitendem Alter explodierenden Pflegekosten drücken die finanziellen Mittel einer verwitweten Frau schnell auf das Existenzminimum herab.

Vor allem im Alter führt die Armut von Frauen zu Isolation, Krankheit und Depression.[56] So leben viele dieser Frauen, besonders in den großen Städten, vereinsamt und zurückgezogen in ihren kleinen und oft dürftig ausgestatteten Wohnungen. Nur wenige Menschen wissen um sie, selten kommt jemand zu Besuch.

»Nennt mich nicht Noomi – Liebliche, nennt mich Mara – Bittere« sagte Ruts Schwiegermutter zu den Frauen in Bethlehem (Rut 1, 20).

Das Gesicht der Armut ist auch bei uns immer noch weiblich. Wie können angesichts dieser Situation jüngere Frauen mit älteren solidarisch handeln?

Junge und alte Frauen

Im Mittelpunkt der Ruterzählung stehen zwei Frauen: eine junge und eine alte. Damit ist ein Grundkonflikt angesprochen, der vielen Frauen das Leben schwer macht. Die Kluft zwischen Schwiegermutter und Schwiegertochter, zwischen Müttern und Töchtern, zwischen jungen und alten Frauen kann tief und schmerzlich sein und dauert oft genug ein ganzes Leben.

Doch in der Erzählung von Rut und Noomi wird dem Konflikt zwischen jungen und alten Frauen eine für mich schon fast utopische Lösung gegenübergestellt.

Eine junge und eine alte Frau leben miteinander, bilden eine solidarische Lebensgemeinschaft, meistern die äußere Not durch ihren inneren Zusammenhalt.

Das, was junge und alte Frauen oft voneinander trennt und zu Neid und Konkurrenz führt, wird hier nicht gegeneinander ausgespielt, sondern zur gemeinsamen Stärke.

Die Schönheit, die erotische Anziehungskraft der Jungen, die Lebenserfahrung und die Weisheit der Älteren sind nötig, um das gemeinsame Ziel zu erreichen: Soziale Anerkennung und finanzielle Sicherheit.

Dies ist ein Beispiel für Frauensolidarität, wie sie auch bei uns heute nötig ist, wenn Frauen ein gutes und gerechtes Leben für alle erreichen möchten.

Liebe zwischen Frauen

Das Verhältnis zwischen Rut und Noomi wird mit Worten beschrieben, die sonst in biblischen Texten nur für die Beziehung zwischen Mann und Frau verwendet werden: Da ist davon die Rede, daß Rut sich an ihre Schwiegermutter »hängt«, es wird von Liebe gesprochen, ja sogar davon, daß die Jüngere für die Ältere ein Kind zur Welt bringt.

Deutlicher ist von einer Lebens- und Liebesbeziehung zwischen Frauen, die noch dazu so unterschiedlicher Herkunft sind, in keinem biblischen Buch die Rede.

Das macht Mut, auch in der Kirche über unterschiedliche Lebensformen nachzudenken.

In Vergangenheit und Gegenwart haben sich immer wieder Frauen dafür entschieden, miteinander zu leben.

Zu ihnen gehören Else Kähler (geb. 1917) und Marga Bührig (geb. 1915), zwei evangelische Theologinnen, die als Studienleiterinnen an der Akademie Boldern (Schweiz) gearbeitet haben. Sie schreiben über ihr gemeinsames Leben:

»Wir leben seit bald vierzig Jahren zusammen, haben gemeinsam eine Wohngemeinschaft von Studentinnen geleitet und dann mehr als zwanzig Jahre lang in einer Evangelischen Akademie zusammengearbeitet. Jetzt, in unserem Ruhestand (dies Wort paßt schlecht zu uns), leben wir mit einer dritten, viel jüngeren Frau zusammen, mit der wir auch schon fünfundzwanzig Jahre lang befreundet sind. Auch heute noch können wir sagen, daß die Kraft unserer Beziehung(en) ein (oder der?) tragender Grund unseres Lebens ist. Immer weniger begreifen wir, warum unsere Gesellschaft und unsere Kirchen Ehe und Familie als einzige von Gott gegebene und gewollte verpflichtende Gemeinschaft ansehen. Unser gemeinsames Leben zu zweit und zu dritt betrachten wir nicht als Ersatz für Ehe und Familie, sondern als eine eigenständige und in einer patriarchalen Welt und Kirche wesentliche und wichtige Lebensform. Für uns selbst ist sie immer wieder neu spannend; sie nötigt uns, beweglich zu bleiben, auf nicht festgelegte Rollen einzugehen und neuen Erwartungen standzuhalten. Es ist uns bewußt, daß unsere gemeinsame Existenz viele Fragen provoziert, aber wir sind nur bedingt bereit, detailliert darauf zu antworten. Die Tatsache, daß wir als Frauen zusammenleben, daß wir uns für diesen Weg entschieden haben und dazu auch stehen, daß wir uns gemeinsam und jede für sich für die Anliegen von Frauen einsetzen, scheint uns genug. Das ist bereits eine ›politische‹ Aussage im Sinne einer Herausforderung an eine rein familienbezogene Umwelt. Wie wir unser persönliches Leben im einzelnen gestalten, ist kein Thema für die Öffentlichkeit.«[57]

Auch Rut hat in einer von Männern bestimmten Welt die

Lebensgemeinschaft mit einer Frau gewählt und ist deshalb in den Augen der Frauen Bethlehems »besser als sieben Söhne«. Dies kann als Plädoyer gelesen werden, unterschiedliche Formen von Lebensgemeinschaften zu respektieren.

Die Angst vor Fremden

Noomi, ihr Mann und ihre Söhne sind in Ruts Heimatland Moab Wirtschaftsflüchtlinge. Wir erfahren nichts darüber, wie es ihnen dort ergangen ist. Doch scheint es selbstverständlich gewesen zu sein, wegen einer Hungersnot das Land verlassen zu können und vorübergehend in einem anderen Land zu leben.

Frauen und Männer aus anderen Ländern kommen in die Bundesrepublik, weil sie in ihrem Land keine Arbeit finden und weil auch heute noch in Deutschland in bestimmten Tätigkeitsbereichen ein Mangel an Arbeitskräften besteht. Manche bleiben hier und ihre Kinder fühlen sich in dem Land, in das ihre Eltern als Fremde gekommen sind, zu Hause.

Deutschland erscheint gegenwärtig als eines der Hauptziele von Auswanderungswilligen aus Osteuropa und von Asylsuchenden aus den armen südlichen Ländern.

Doch häufen sich die Beispiele aggressiver Ablehnung und Ausgrenzung von ausländischen Menschen.

Sie sind Ausdruck der Ängste vieler Menschen gegenüber den Fremden, über die offen gesprochen werden muß.

Politiker diskutieren darüber, Frauen und Männer, die aus politischen Gründen Asyl suchen, von denen zu trennen, die aus wirtschaftlicher Not in die reichen Industrieländer kommen. Nur noch diejenigen, die nachweisbar politisch verfolgt werden, sollen Asyl finden. Menschen, die »nur« dem Hunger in ihrem Land entkommen wollen, sollen abgewiesen werden.

Die Möglichkeiten und Bedingungen für die Aufnahme und Anerkennung von Asylsuchenden werden zunehmend eingeschränkt.

Vergessen wird, daß nach 1933 viele deutsche Jüdinnen und Juden und politisch Verfolgte nur überleben konnten, weil sie in anderen Ländern politisches Asyl fanden. Vergessen wird, daß es in früheren Jahrhunderten die verarmten Deutschen waren, die als »Wirtschaftsflüchtlinge« oder Emigranten zunächst in Osteuropa und später vor allem in den Ländern des amerikanischen Kontinents Zuflucht fanden. Im 19. Jahrhundert beispielsweise waren es 6,3 Millionen Deutsche, die meist aus wirtschaftlicher Not auswanderten. Zwischen 80 und 90 Prozent von ihnen gingen nach Amerika und Kanada. Das zweitwichtigste Ziel war die südliche »Neue Welt«, vor allem Brasilien, gefolgt von Argentinien, Chile, Peru und Uruguay.[58] Deutsche Frauen und Männer wurden in diesen Ländern aufgenommen und konnten sich dort eine neue Existenz aufbauen.

Im Blick auf die Asyldiskussion heute wirken selbst die Regelungen der altorientalischen Länder großzügig. Offensichtlich haben sie Menschen wie Noomi und ihrer Familie, die vor dem Hungertod flohen, wirtschaftliches Asyl nicht verweigert.

Rut geht nach dem Tod ihres Mannes mit ihrer Schwiegermutter in deren Land zurück. Die Rollen haben sich vertauscht: In Israel ist Rut die Fremde.

Rut und Noomi stammen aus unterschiedlichen Kulturen: Jede ist im Land der anderen eine Ausländerin. Doch ihre Liebe überwindet die Fremdheit.

Allerdings ist ihnen ihr neues Zuhause erst dann sicher, als es ihnen gelingt, den reichen Boas für sich zu gewinnen. Erst als er bereit ist, die verwandtschaftliche Verpflichtung zu übernehmen und seinen Reichtum zu teilen, kommen auch Rut und Noomi zu einer sicheren Existenz.

Im Blick auf unseren Wohlstand stehen in der Bundesrepublik Deutschland Frauen aus der Mittelschicht ihrem sozialen Status nach Boas näher als Rut und Noomi.

Die Erzählung von Rut und Noomi und Boas kann auf diesem Hintergrund als Ausdruck der Hoffnung gelesen werden, daß gegen allen Augenschein die Kluft zwischen Menschen aus unterschiedlichen Ländern, zwischen Armen und Reichen durch Liebe und solidarisches Handeln überwunden werden kann.

Ein Buch für jüdische und christliche Frauen und Männer

In der jüdischen Tradition gehört das Buch Rut zu den fünf biblischen Büchern, die an Feiertagen verlesen werden. Es ist dem Wochenfest Schawuot (dem Fest, an dem Christinnen und Christen Pfingsten feiern) zugeordnet. Ursprünglich ein reines Erntefest, wurde es später mit der Offenbarung am Sinai verbunden. So ist es heute Ausdruck doppelten Dankes für die Gabe des Brotes und für die Gabe der Tora.

Was dies für jüdische Frauen heißt, deutet Pnina Navè Levinson an: »In liberalen jüdischen Gemeinden findet häufig die Konfirmation der Mädchen an diesem Fest statt.

Dadurch hat sich Rut vielen Müttern und Töchtern seit Generationen als besonders nahe eingeprägt.«[59]

In den Leseordnungen für den Gottesdienst der christlichen Kirchen spielt das Buch Rut dagegen keine Rolle. Doch gehen Frauen im Zusammenhang mit der neuen Frauenbewegung auf die Suche nach ihren vergessenen Vormüttern. Dies führt dazu, daß auch in katholischen und evangelischen Gemeinden, in Frauenwerkstätten und Seminaren die Geschichte von Rut immer mehr Liebhaberinnen und Liebhaber gewinnt. Für christliche Frauen in aller Welt ist das Buch Rut durch die Bewegung des Weltgebetstages ein Teil der gemeinsamen Geschichte geworden. 1988 von brasilianischen Frauen vorbereitet, war es die Erzählung der vom Hungertod bedrohten Witwen Rut und Noomi, über die in den ökumenischen Gottesdiensten nachgedacht wurde.

In den frühen christlichen Gemeinden hat Rut offensichtlich eine wichtige Rolle gespielt. So wird Rut neben Tamar, Rahab und Batseba, der Frau des Uria, im Stammbaum Jesu (Mt 1,5) erwähnt.

Alle genannten Frauen spielen in der Geschichte Gottes mit Israel eine bedeutende Rolle. Ohne Frauen wie sie, die in kritischen Situationen mutig und beherzt gehandelt hatten, hätte das Volk Israel nicht überleben können. Alle vier Frauen sind Nichtjüdinnen, also »Heidinnen«. So bekommt der Stammbaum Jesu eine universale Bedeutung: Das Heil, das der Jude Jesus Israel bringt, kommt auch von den Heiden.[60]

Bei den Kirchenvätern hat die Tatsache, daß es im Buch Rut um die Beziehung der »Heidin« Rut zur Jüdin Noomi geht, zu gefährlichen Polemiken gegen das Judentum geführt. Rut wurde als Vorwegnahme der Kirche aus den Heiden angesehen, die nicht dank der Synagoge existiert, sondern an ihre Stelle tritt. Ein Beispiel mag dafür genügen. So schreibt Johannes Chrysostomos (344/354-407 n. Chr.):

> »Siehst du also, daß der Evangelist nicht ohne tiefen Grund die ganze Geschichte des Judas erwähnte? Eben darum bringt er auch die Ruth und die Raab, von denen die eine Ausländerin war, die andere eine Hure, damit du sehest, daß er gekommen ist, um uns von all unserem (Sünden-)Elend zu befreien, denn er kam ja als Arzt und nicht als Richter. Wie also jene (seine Stammväter) Huren zu Frauen genommen, so hat auch Gott mit unserer unreinen Natur sich verbunden. Dasselbe haben ja auch die Propheten von der Synagoge vorhergesagt. Während aber diese ihrem Herrn untreu wurde, verharrte die Kirche, einmal von den Sünden der Väter befreit, in ihrem Bunde mit dem Bräutigam. – Und jetzt, siehe wie die Erlebnisse der Rut auch den unsrigen gleichen. Sie war eine Fremde und befand sich in drückendster Armut. Gleichwohl hat Booz, als er sie sah, sie weder ihrer Armut wegen gering geschätzt, noch wegen ihrer fremden Stammeszugehörigkeit sie verachtet. So hat auch Christus die Kirche aufgenommen, obwohl sie fremd und arm war...«[61]

Um solche vorschnellen Identifizierungen zu vermeiden, ist es notwendig, die Erzählung aus ihrer Zeit heraus zu verstehen. Erst dann kann versucht werden, sie mit dem christlichen Lebenskontext zu konfrontieren, ohne daß die Erzählung Jüdinnen und Juden als Teil der Bibel enteignet wird.

Schließlich verdanken wir Christinnen und Christen dieses Buch der jüdischen Tradition und nicht umgekehrt.

Die Lebensgemeinschaft von Rut und Noomi kann dann als ein Vorbild einer solidarischen Gemeinschaft von jüdischen und christlichen Frauen und Männern verstanden werden.

Nach Auschwitz muß eine solche solidarische Gemeinschaft mit der schmerzlichen Erkenntnis beginnen, daß wir, Christinnen und Christen, die Augen vor der Not der Noomi verschlossen haben.

Ein Meisterwerk der Weltliteratur

Goethe nannte das Buch Rut schwärmend »das lieblichste, kleine Ganze..., das uns episch und idyllisch überliefert worden ist.«[62]

In seinen Worten wird deutlich: Dies ist nicht nur ein religiöses Buch, sondern auch ein literarisches Meisterwerk.

Wie kunstvoll das Buch Rut gestaltet ist, will ich hier nur andeuten:

– Die Komposition des Buches besteht aus vier Akten, die auch der Einteilung in unserer Bibel entspricht. In ihr ist u. a. eine räumliche Einteilung erkennbar. So spielt z. B. der erste Akt auf dem Weg nach Bethlehem, der zweite auf den Feldern um Bethlehem, der dritte auf der Tenne bei Bethlehem und der vierte am Stadttor in Bethlehem.

– Wichtige Worte und vor allem die Namen sind sehr sorgfältig nach ihrer Bedeutung gewählt.

– Es werden viele Bezüge zu anderen biblischen Kurzgeschichten hergestellt, besonders zu solchen, in denen Frauen ebenfalls eine bedeutende Rolle spielen.

Treffend nennt die amerikanische Theologin Phyllis Trible diese Erzählung[63] auch eine »menschliche Komödie« (a human comedy) und meint damit: Ein tragisches Schicksal wird durch menschliches Handeln zu einem glücklichen Ende geführt und darüber, wie das geschieht, darf auch gelacht werden.

So wundert es nicht, daß auch Dichterinnen und Dichter in Vergangenheit und Gegenwart sich von dieser Erzählung inspirieren ließen.

Eines der vielen Gedichte, die so entstanden sind, möchte ich abschließend vorstellen. Die deutsche Jüdin Nelly Sachs (1891–1970), die 1940 ins schwedische Exil gehen mußte und 1966 für ihr Werk den Nobelpreis für Literatur erhielt, hat es geschrieben.

Land Israel

deine Weite, ausgemessen einst
von deinen, den Horizont übersteigenden Heiligen.
Deine Morgenluft, besprochen von den Erstlingen Gottes,

deine Berge, deine Büsche
aufgegangen im Flammenatem
des furchtbar nahegerückten Geheimnisses.

Land Israel,
erwählte Sternenstätte
für den himmlischen Kuß!

Land Israel,
nun wo dein vom Sterben angebranntes Volk
einzieht in deine Täler
und alle Echos den Erzvätersegen rufen
für die Rückkehrer,

ihnen künden, wo im schattenlosen Licht
Elia mit dem Landmanne ging zusammen am Pflug,
der Ysop im Garten wuchs

und schon an der Mauer des Paradieses –
wo die schmale Gasse gelaufen zwischen Hier und Dort
da, wo Er gab und nahm als Nachbar
und der Tod keines Erntewagens bedurfte.

Land Israel,
nun wo dein Volk
aus den Weltenecken verweint heimkommt,
um die Psalmen Davids neu zu schreiben in deinen Sand
und das Feierabendwort Vollbracht
am Abend seiner Ernte singt –

steht vielleicht schon eine neue Ruth
in Armut ihre Lese haltend
am Scheideweg ihrer Wanderschaft.[64]

Vorschläge für Unterricht und Gruppenarbeit

Drei Abende mit dem Buch Rut

Das Buch Rut eignet sich für eine Bibelarbeit über mehrere Abende hin. Hier eine Ideenskizze. Sie ist auch als Grundlage für einen Unterrichtsentwurf mit mehreren Einheiten zum Buch Rut für den Religionsunterricht in der Oberstufe zu verwenden.

1. Abend
Einstieg: Ein Rollenspiel mit dem Ziel, eigene Zugänge zu den Menschen, die im Buch Rut vorkommen, zu finden.
1. Schritt: Der Text wird vorgelesen.
2. Schritt: Die Teilnehmerinnen und Teilnehmer beschäftigen sich in Gruppen mit Rut, Noomi und Boas.
3. Schritt: Ein Gespräch – Rut, Noomi und Boas sprechen zehn Jahre später rückblickend über die im Buch Rut geschilderten Ereignisse.
4. Schritt: Das Gespräch wird ausgewertet. Fragen zum Verständnis und Ideen zur Interpretation werden auf einer Wandzeitung gesammelt.

2. Abend
Der Bibeltext wird erarbeitet. Dabei werden die auf der Wandzeitung gesammelten Fragen aufgenommen.
Als zusätzliche Leitfragen schlage ich vor:

- Auf welche Weise werden Rut, Noomi und Boas beschrieben?
- Wovon ist ihre Lebenswirklichkeit bestimmt?
- Was ist daran unterdrückend, was befreiend?

Zur Vorbereitung kann Kapitel 1 dieses Buches gelesen werden.

3. Abend

An diesem Abend sollte die aktuelle Bedeutung des Buches Rut im Mittelpunkt stehen. Einstieg könnte ein Abschnitt aus Kapitel 2 dieses Buches sein. Am schönsten wäre es, wenn die Ergebnisse in einem Gottesdienst, einem Lied, Gebet, Gedicht oder vielleicht sogar einer dramatischen Aufführung umgesetzt werden könnten. Dazu sind weitere Abende nötig.

Eine Lesung

Das Buch Rut gehört zur Weltliteratur. Es eignet sich deshalb auch zum Vorlesen. Thema einer Lesung könnte sein: »Liebesgeschichten aus der Bibel«. Zusätzlich könnten Texte vorgelesen werden, zu denen im Buch Rut eine Beziehung hergestellt wird:

1. Mose 38 (Tamar)
1. Mose 19,30–38 (Lots Töchter)
1. Mose 29,31–30, 24 (Lea und Rahel).

Die Dialoge sollten von verschiedenen Sprecherinnen und Sprechern gelesen werden. Zwischen den Texten kann Musik gespielt werden, die passend zu den Texten, die gelesen werden, mit der Musikerin oder dem Musiker ausgewählt werden.

Anmerkungen

1 Alle Bibelzitate, bis auf die neu übersetzten aus dem Buch Rut, sind aus der revidierten Lutherbibel von 1984.

2 vgl. Mesters, 23 f.

3 Als Zeit für die Entstehung des Buches Rut werden in der Literatur entweder die mittlere Königszeit oder die Zeit nach dem Exil angegeben. Die Argumente, die für eine nachexilische Datierung sprechen, sind für mich überzeugender (vgl. Zenger, 25–27).

4 Vgl. Rolf Rendtorff, Das Alte Testament. Eine Einführung, Neukirchen Vluyn, 3. Aufl. 1988, 276.

5 Als Erzähler des Buches Rut kommen auch die Leviten in Frage (2. Chr 19,4–11; 2. Chr 35,3; Neh 8,7–9). Vgl. Edward F. Campell, Ruth. A New Translation with Introduction, Notes, and Commentary, New York, 1975, 21–23.

6 Vgl. Rainer Albertz, Persönliche Frömmigkeit und offizielle Religion. Religionsinterner Pluralismus in Israel und Babylon, Stuttgart 1978.

7 Die Übersetzung ist aus der Arbeit in den Seminaren zum Buch Rut in Marburg und Frankfurt im SS 1991 entstanden und wurde von Ruth Büttner, Nicole Kramer und Ilona Nord in Zusammenarbeit mit mir überarbeitet.

8 Vgl. Rut 4,3 und die Ausführungen zu Kapitel 4.

9 Dieser Eglon ist in manchen Texten der jüdischen Auslegung der Vater von Rut und Orpa.

10 Vgl. Zenger, 34.

11 Solche Reimnamen finden sich auch in 4. Mose 11,26 f.: Eldad und Medad. Sie deuten auf eine mündliche Überlieferung. Durch sie war eine Erzählung leichter zu behalten.

12 Wir haben an den Stellen, wo im hebräischen Text JHWH steht, »GOTT« geschrieben.
Von Gottes Namen sind nur die Konsonanten JHWH überliefert. Er wird seit biblischer Zeit nicht mehr ausgesprochen. Es gibt mehrere Möglichkeiten, ihn zu lesen: »Gott« (Gott ist stets gemeint, wird jedoch verschieden bezeichnet), »Adonaj« (so liest das jüdische Volk), »Herr« (so die meisten Übersetzungen als Wiedergabe von Adonaj). Weil jeder Mann heute so genannt wird, erscheint das besonders Frauen problema-

tisch. Deshalb haben wir uns für GOTT entschieden und schlagen vor, beim lauten Lesen »Gott« oder mit der jüdischen Tradition »Adonaj« zu sagen. So ist es auch bei den neuen Übersetzungen der Texte für die Bibelarbeiten auf den Kirchentagen seit 1991 vorgeschlagen.

13 Zenger, 38.

14 Einige alte Übersetzungen des Textes haben die Formulierung »Haus ihrer Mutter« nicht mehr verstanden oder so anstößig empfunden, daß sie den Text entsprechend ihren Vorstellungen übersetzten. Griechische Übersetzungen schreiben wie zu erwarten wäre: in euer Vaterhaus, der syrische Text machte daraus: in euren Ort und Elternhaus.

Parallelen aus der Ethnologie über Matrilinealität, nach denen das Erbrecht über die Frauen und nicht über die Männer geht, führen hier nicht weiter, da im Buch Rut nichts auf Matrilinealität hindeutet: Aus Rut 4,9 geht eindeutig hervor, daß üblicherweise eine Erbfolge über die Söhne vorausgesetzt wird.

15 Vgl. Zenger, 39.

16 Es ist bis heute bei manchen afrikanischen Stämmen in Geltung. Vgl. Theo Sundermeier, Nur gemeinsam können wir leben. Das Menschenbild schwarzafrikanischer Religionen, Gütersloh 1989, 89.

17 Über das Verhältnis von Müttern zu ihren Töchtern erfahren wir in der Bibel weniger als über die Beziehung des Vaters zu seinen Söhnen oder auch zu seiner Tochter (vgl. 1. Sam 14; Ri 11, 34–40), oder auch der Mutter zu ihren Söhnen (1. Mose 27).

Als Lehrerinnen für die Töchter kommen sie im Zusammenhang mit der Totenklage vor (Jer 9,19). Mit einem negativen Urteil belegt, doch bis heute im Umlauf ist das Sprichwort »Wie die Mutter so die Tochter« (Ez 16,44).

18 Im Ruttargum (1. Jh. v. Chr. – 4. Jh. n. Chr.) wird dieser Abschnitt zu einem Dialog zwischen Rut und Noomi. In Frage und Antwort wird Rut geprüft, dann wird sie zum Glauben an den Gott Israels, den Gott der Noomi, zugelassen.

19 Zenger, 41.

20 Das Hebräische verwendet in Rut 1,19a den Dual, eine Form, die ein Paar bezeichnet.

21 In der neuen revidierten Fassung von 1984 ist der Text richtig wiedergegeben.

22 Heute wird dieser Vorschlag mit dem Argument, es handle sich bei Schaddaj um eine männliche Gottheit, abgelehnt (Manfred Weippert,

Schaddaj (Gottesname), in: Jenni/Westermann, Theologisches Handwörterbuch zum Alten Testament, Bd II, München 1984, 877).

Dagegen ist einzuwenden, daß manche altorientalischen Gottheiten »männlich« und »weiblich« sind oder es vorkam, daß sie im Verlauf der Religionsgeschichte ihr Geschlecht wechselten. So ist z.B. die Göttin Ischtar in Südarabien als männlicher Gott Attar bezeugt (vgl. z.B. C.J.Classen, Lexikon der Alten Welt, 1965, 1416).

23 In der Lutherbibel steht hier »... von dem Allmächtigen«.

24 Das hebräische Wort, das wir hier mit »gefallen« übersetzt haben, wird unterschiedlich aufgefaßt. So schreibt die Züricher Bibel »... bei einem der gütig gegen mich ist« und die Lutherbibel übersetzt »... bei einem, vor dessen Auge ich Gnade finde«. Doch wird in diesem Zusammenhang zu wenig deutlich, daß im Hebräischen dieses Wort gerade auch die Beziehung von Frauen zu Männern charakterisiert, um auch die Anmut, ihren Liebreiz, ihre Attraktivität zu bezeichnen.

25 Otto Kaiser u.a. (Hg.), Texte aus der Umwelt des Alten Testaments, Bd I, 1982/83/84/85, S.76.

26 Zitiert nach Zenger, a.a.O., 49.

27 Gustav Dalman, Arbeit und Sitte in Palästina, Bd. III. Von der Ernte zum Mehl. Ernten, Dreschen, Worfeln, Sieben, Verwahren, Hildesheim 1964 (1933), 38f.

28 Vgl. Dalmann III, a.a.O., 53.

29 Midrasch Rut Rabba 4,12f, zitiert nach Dalman III, 63.

30 Zenger, 59.

31 In der syrischen Übersetzung des Textes ist es Rut, die redet und sagt: »Es soll nicht bekannt werden, daß ich in die Tenne hineinging.«

32 Nach der syrischen Übersetzung des Textes ist es Rut, die in die Stadt geht.

33 Ägyptische Grabmalereien zeigen auch, daß hölzerne Kellen zum Worfeln verwendet werden konnten.

34 Manche Textüberlieferungen fügen ausdrücklich ein, daß Rut sich mit Myrrhenöl einreibt.

35 Zenger, 70ff.

36 Hans Wildberger, Jesaja 28–39. Das Buch, der Prophet und seine Botschaft, BK X/3 (1982), 1348.

37 Zitiert aus H. Wildberger, ebd., 1348.

38 Faust, I 4119–4123, zitiert nach Wildberger, ebd., 1349.

39 Wilhelm Gesenius, Hebräisches und Aramäisches Handwörterbuch über das Alte Testament, unveränderter Neudruck der 1915 erschienenen 17. Aufl., Berlin/Göttingen/Heidelberg 1962, 257.

40 Vgl. Zenger, 70.

41 Vgl. Zenger, a. a. O., 76.

42 Vgl. Beatty, Jewish Exegesis of the Book of Ruth.

43 Daß Frauen mit ihren Produkten handelten, wird aus Sprüche 31, vor allem V 16.24 deutlich.

44 Für die nachexilische Zeit belegt ist die Prophetin Noadja (Neh 6,14).

45 Gordon, The Status of Women Reflected in the Nuzi Tablets, ZA 43 (1936), 160. Zitiert nach Th. und D. Thompson, Legal problems in the Book of Ruth, 98.

46 Zitiert nach O. Kaiser (Hg.), Texte aus der Umwelt des Alten Testaments, Bd. I, Rechts- und Wirtschaftsurkunden. Historisch-chronologische Texte, Gütersloh 1982–85, 49.

47 Zenger, 86.

48 Hannelore Erhart, »Ich habe mich niemals um eine Frau bemüht...« Das Frauenbild bei Luther und Calvin (noch nicht veröffentlicht).
   Eine interessante Auffassung in diesem Zusammenhang vertritt der amerikanische Theologe C. M. Carmichael (A. Ceremonial Crux, 33):
   Seiner Meinung nach wurde damals in Israel, wie in manchen patriarchalischen Kulturen auch heute noch, die Frau als Sandale bezeichnet. Für zeitgenössische Leserinnen und Leser war klar: In der nächtlichen Verführungsszene hatte sich Rut wie eine Sandale an Boas' Füße gelegt und ihn damit aufgefordert sie zu heiraten.
   Was die Leser und Leserinnen nicht wußten, und was ihnen an dieser Stelle erklärt wurde, war der alte Brauch, die Sandale auszutauschen, um Rechtsgeschäfte zu bekräftigen. Der Schuhbrauch meinte für Boas zweierlei: Zum einen erwarb er, indem der Löser ihm die Sandale gab, das Recht, Land zu kaufen, zum anderen das Recht, Rut zur Frau zu nehmen.

49 Vgl. z. B. Zenger, 98 ff.

50 Vgl. z. B. Zenger, 99. Zur literarkritischen Diskussion vgl. Zenger 10–14.

51 Z. B. Gerlemann.

52 Vgl. Carlos Mesters, Das Wort Gottes in der Geschichte der Menschheit, Neukrichen 1984, 151 f.

53 Vgl. Ursula Lehr, »Alter« in: Anneliese Lissner/Rita Süssmuth/Karin Walter, Frauenlexikon, Traditionen, Fakten, Perspektiven, 30.

54 Christa Randzio-Platz, »Armut«, in: Frauenlexikon, a. a. O. 79.
   Vgl. auch Carola Donner-Reichle, »Armut« in: Elisabeth Gössmann, Elisabeth Moltmann-Wendel, Herlinde Pissarek-Hudelist, Ina Praetorius. Luise Schottroff, Helen Schüngel-Straumann (Hg.), Wörterbuch der Feministischen Theologie, Gütersloh 1991, 33 f.

55 Vgl. H. Stöer, Beck. Rechtsberater: Meine soziale Rentenversicherung (dtv 5085), München 8. Aufl. 1990, 25–28.

56 Vgl. Christa Randzio-Plath, »Armut«, in: Frauenlexikon, 79–80.

57 Monika Barz, Herta Leistner, Ute Wild, Hättest du gedacht, daß wir so viele sind? Lesbische Frauen in der Kirche, Stuttgart 1987, 9.

58 Martha Mamozai, Schwarze Frau, weiße Herrin. Frauenleben in deutschen Kolonien, Hamburg 1989, 15.

59 Pnina Navè Levinson, Was wurde aus Saras Töchtern? Frauen im Judentum, Gütersloh 1989, 74.

60 Warum Matthäus ausgerechnet Tamar, Rahab, Rut und die Frau des Uria (Bathseba) anführt, ist umstritten. Als Gründe werden außer den von mir genannten angeführt:
1. Alle vier Frauen seien Sünderinnen. Damit sollen Vorwürfe gegen Maria, z.B. Jesus sei ein im Ehebruch gezeugtes Kind, zurückgewiesen werden. Doch ist dies abzulehnen, weil weder eine solche Polemik gegen Maria aus der Abfassungszeit bekannt ist, noch die vier Frauen in der jüdischen Tradition als Sünderinnen gelten.
2. An den vier Sünderinnen werde die Gnade Gottes sichtbar gemacht. Wie schon erwähnt gelten diese Frauen in der jüdischen Tradition aber nicht als Sünderinnen.
3. Bei allen vier Frauen sei Gott selbst für ihre Mutterschaft verantwortlich. Dadurch werde vom Verfasser des Matthäusevangeliums das der jüdischen Tradition vertraute Element von der Mutterschaft als Gabe Gottes aufgegriffen, um daraufhin Marias Mutterschaft als die absolut besondere herauszustellen.
Auch dies ist abzulehnen, da nur in Rut 4,13 die Mutterschaft als besondere Gabe Gottes herausgestellt wird (vgl. dagegen: 1. Mose 38,8 und 2. Sam 11,5: Über die Mutterschaft Rahabs ist nichts bekannt) und der Stammbaum Jesu auch auf Joseph hinausläuft (Matthäus 1,16a).
Vgl. zur Diskussion auch Zenger 116f.

61 Johannes Chrysostomos (Matthäuskommentar, 2. Homilie; Bibliothek, der Kirchenväter, Kempten/München 1915, 50f. Zitiert nach Zenger, 118.

62 Zitiert nach Ute Wild, Das Buch Rut: Denn wohin du gehst, will ich gehen, in: Eva Renate Schmidt, Mieke Korenhof, Renate Jost, Feministisch gelesen, Bd. 2, 80–91, 80.

63 Trible, A Human Comedy, 195. Als literarische Gattung wird das Buch Rut von deutschsprachigen Auslegern meist Novelle genannt und mit der Josephsgeschichte verglichen. In den USA wird statt dessen die Bezeich-

nung Kurzgeschichte (short story) vorgeschlagen. Gemeint ist damit eine in Kunstprosa gehaltene Erzählung, die ergötzen und historisch belehren will (Campbell).

64 Nelly Sachs, Gedichte. Herausgegeben und mit einem Nachwort versehen von Hilde Domin, 2. Aufl., Frankfurt 1979, 41 f.

Ausgewählte Literatur zum Buch Rut

1. Kommentare

Edward F. Campbell, Ruth. A New Translation with Introduction, Notes and Commentary (AncB), New York 1975.

Gillis Gerlemann, Ruth. Das Hohelied (BK XII), Neukirchen (2) 1981.

Hans Wilhelm Hertzberg, Die Bücher Josua, Richter, Ruth (ATD 9), Göttingen (3) 1965, 257–283.

Wilhelm Rudolph, Das Buch Ruth (KAT XVII/1), Gütersloh 1962, 23–72.

J. M. Sasson, Ruth. A New Translation with a Philological Commentary and a Formalist-Folkloristic Interpretation, Baltimore – London 1979.

Ernst Würthwein, Die fünf Megilloth (HAT I, 18), Tübingen (2) 1969, 1–24.

Erich Zenger, Das Buch Ruth (ZBK: AT8), Zürich 1986.

2. Einzelstudien

D. R. G. Beattie, Jewish Exegesis of the Book of Ruth (JSOT Supplement Series, 2), Sheffield 1977.

– ders., Ruth III: JSOT 5 (1978), 39–48.

– ders., Who is Ruth, what is she?: Irish Biblical Studies 1 (1979), 201–214.

Hermann Gunkel, Ruth, in: ders., Reden und Aufsätze, Göttingen 1913, 65–92.

Willy Schottroff, Die Armut der Witwen, in: Marlene Crüsemann und Willy Schottroff (Hg.), Schuld und Schulden. Biblische Traditionen in gegenwärtigen Konflikten, München 1992.

3. Zu den Rechtsinstitutionen

Eryl W. Davies, Inheritance Rights and the Hebrew Levirate Marriage, in: VT 31 (1981) 138.144, 257–268.

Thomas and Dorothy Thompson, Some legal Problems in the Book of Ruth, in: VT 18 (1968), 79–99.

Calum M. Carmichael, A Ceremonial Crux Removing a Man's Sandal as a Female Gesture of Contempt, in: JBL 96 (1977) 321–336.

4. Befreiungstheologische Auslegung

Carlos Mesters, Der Fall Rut. Brot, Familie, Land, Erlangen 1987.

5. Feministische Auslegung

Mieke Bal/Fokkelien v. Dijk Hemmes/Grietje van Ginneken, Kommentar des Kommentars oder: Das enge Tor im Buch Ruth in: dies., Und Sara lachte... Patriarchat und Widerstand in biblischen Geschichten, Münster 1988, 77–97.

Irmtraud Fischer, Eine Schwiegertochter – mehr wert als sieben Söhne! (Rut 4,15). Frauenbeziehungen im Buch Rut. Ein Lehrbeispiel des Affidamento, in: Herlinde Pissarek-Hudelist und Luise Schottroff (Hg.), Mit allen Sinnen glauben. Feministische Theologie unterwegs, Gütersloh 1991, 30–44.

Phyllis Trible, Two Women in a Man's World: A Reading of the Book of Ruth: Soundings 59 (1976), 251–279.

dies., A Human Comedy; in: dies., God and the Rhetoric of Sexuality. Overtures to Biblical Theology, Philadelphia 1978, 166–199.

Ina J. Petermann, Travestie in der Exegese? Über die patriarchalische Funktionalisierung eines gynozentrischen Bibeltextes – das Buch Ruth und seine Kommentare, in: Dielheimer Blätter zum Alten Testament 22 (1985) 74–117.

Ute Wild, Das Buch Rut: Denn wohin du gehst, will ich gehen, in: Eva Schmidt/Mieke Korenhof/Renate Jost (Hrsg.), Feministisch gelesen Bd. 2, Ausgewählte Bibeltexte für Gruppen und Gemeinden, Gebete für den Gottesdienst, Stuttgart 1989, 80–91.

Verzeichnis der Bibelstellen

Die Autorin

Renate Jost, geboren 1955. Studium der evangelischen Theologie in Bethel, Göttingen, Marburg und am Union Theological Seminary in New York. Von 1984 bis 1988 Gemeindepfarrerin in Frankfurt/Main. Seit 1989 wissenschaftliche Mitarbeiterin im Fach Altes Testament an der Universität Frankfurt/Main.

Friedel Kriechbaum

Ich gebe meiner Freiheit Flügel

Frauen entdecken ein ungewohntes Christentum

168 Seiten. Kartoniert

Friedel Kriechbaum fragt aus ihrer gegenwärtigen Erfahrung als Frau von heute nach Gott. Dabei stellt sie fest, daß
gerade das Christentum wesentlichen Anteil daran hat,
daß sich die Frauen heute in einer unterdrückten Situation
befinden. Was sagt die Bibel dazu? Gibt es eine Geschichte
der Frauen mit Gott? Kann die biblische Tradition ein
Entwurf für Frauenfreiheit sein? Jesus war Teil einer
patriarchalischen Gesellschaft. Hat er ihre Strukturen
jemals überwunden? War er wirklich der »erste neue
Mann«? Friedel Kriechbaum versucht aus dem Neuen
Testament heraus eine Theologie zu entwickeln, in der sie
sich als Frau wiederfinden kann. Sie kommt dabei aus der
Tradition der Befreiungstheologie Lateinamerikas, die sie
für die feministische Theologie fruchtbar macht. Sie ent-
wickelt eine Alternative zur patriarchalischen Gesellschaft. Der biblische Entwurf vom Menschsein meint
Gleichrangigkeit der Geschlechter. Das bedeutet für
Frauen eine neue Sicht der Glaubensinhalte mit dem Ziel,
volles, nicht reduziertes Menschsein für beide Geschlechter möglich zu machen.

Quell Verlag